KB022631

4·16구술증언록 단원고 2학년 4반 제9권

그날을 말하다

범수 아빠 김권식

이 도서의 국립중앙도서관 출판예정도서목록(CIP)은 서지정보유통지원시스템 홈페이지(http://seoji.nl.go.kr)와
국가자료공동목록시스템(http://www.nl.go.kr/kolisnet)에서 이용하실 수 있습니다.
CIP제어번호: CIP2019009492

4·16구술증언록 단원고 2학년 4반 제9권

그날을 말하다

범수 아빠 김권식

4·16기억저장소 기획 편집
(사) 4·16세월호참사가족협의회 지원 협조

일러두기

1. 음절로 식별 가능한 소리를 들리는 대로 전사하는 것을 원칙으로 한다.

2. 의미를 파악하기 위해 추가 설명이 필요할 경우 [ ]로 표시한다.

3. 몸짓, 어조 등 비언어적 행위는 ( )로 표시한다.

4. 구술자가 말을 잇지 못해 말줄임표를 사용하는 경우 ……, …로 길고 짧음을 표시한다.

5. 비공개 영역은 〈비공개〉로 표시한다.

6. 비공개해야 하는 희생자 형제자매의 이름은 ○○, △△ 등의 도형기호로, 생존자의 이름은 A, B, C 등 알파벳 대문자로 표시한다.

7. 비공개해야 하는 제3자는 직분이나 소속, 성만 공개하고, 이름은 ××로 표시한다. 비공개해야 하는 숫자는 자릿수에 상관없이 □로 표시하며, 지명은 □□로 표시한다.

4·16기억저장소에서는 세월호 참사 5주기를 맞아 구술증언 수집 사업의 결과물 일부를 100권의 책으로 발간하게 되었습니다. 이 사업은 2015년 6월부터 다양한 학문 분야 구술 연구자들의 자발적인 참여로 진행되어 왔으며, 세월호 참사를 좀 더 정확하고 다각적으로 기록하고 기억하고자 하는 노력의 일환으로 수행되었습니다.

2014년 참사 발생 이후, 참사 피해자들의 목격담과 경험은 안타깝게도 공식적인 국가기관과 언론의 기록 속에서 철저히 소외되거나 왜곡되었습니다. 그것은 세월호 참사가 우리에게 안긴 죽음과 고통의 충격만큼이나 우리 사회의 끔찍한 비극이었습니다. 따라서 사업을 진행하면서 세월호 참사 희생자 가족, 생존자, 생존자 가족, 어민, 잠수사, 활동가, 기자 등등, 참사의 초기 과정을 직접 경험한 분들의 증언을 우선적으로 수집했습니다. 구술자는 이 사업의 취

지와 방식에 개인적으로 동의한 분 중에서 선정했으며, 참여 과정
에 어떠한 금전적 보상이나 이익이 제공되지 않았습니다. 또한 구
술증언 수집 사업을 진행하는 동안, 면담자는 연구자이자 참사를
겪은 공동체 시민으로서 최대한 윤리적이고자 노력했습니다.

구술자마다 매회 약 2시간씩 3회를 원칙으로 음성 녹취와 영상
촬영을 하는 방식으로 진행되었고, 증언의 일관성을 확보하기 위
해 면담자는 큰 틀에서 공통 질문지를 사용했습니다. 공통 질문지
의 내용은 참사와 구술자 간의 관계성에 따라 차이가 있지만, 유가
족 구술의 경우 1회차 '참사 이전의 삶, 팽목항과 진도에서의 경험,
자녀에 대한 기억'을, 2회차 '참사 이후 투쟁과 공동체 활동 경험'을,
3회차 '참사 이후 개인 및 가족이 경험한 삶의 변화와 깨달음, 자녀
의 현재적 의미'를 중심으로 했습니다. 이처럼 증언 내용은 참사 이
전에서 시작해 참사 발생 당시의 경험과 이후의 변화 과정까지 폭
넓게 수집했고, 면담자는 구술 채록 과정에서 구술자의 발화를 최
대한 존중하고자 했으며, 무엇보다 각자의 특수한 경험과 다른 시
각을 충실히 반영하고자 했습니다.

이 구술증언록의 발간을 위해, 채록된 음성 자료는 문서로 변
환해 구술자와 함께 검토했고, 현재 시점에서 공개할 수 있는 영역
과 할 수 없는 영역으로 구별했습니다. 따라서 책에 실린 내용은
모두 구술자로부터 공개를 허락받은 부분입니다. 비공개 영역은
추후 구술자의 동의를 받아 적절한 절차를 거쳐 추가로 공개될 수
있으리라 생각합니다.

이 구술증언록 100권에는 그동안 우리 사회에 왜곡되어 알려지거나 잘 알려지지 않았던, 참사 발생 직후 팽목항과 진도 혹은 바다에서의 초기 상황에 관한 중요한 증언이 포함되어 있습니다. 또한, 자녀를 잃는 잔인하고 애통한 상황을 겪으면서도 그 누구보다 강인한 정치적 주체로 성장할 수밖에 없었던 유가족의 마음과 경험을 구체적으로, 그리고 여러 각도에서 살펴볼 수 있습니다. 그 외에도, 이 구술증언록은 2014년을 전후한 한국 사회의 여러 측면을 드러내는 귀중한 자료가 되리라고 생각합니다. 무엇보다 국내외의 많은 분이 이 책을 읽어, 장차 세월호 참사의 진상 규명과 역사 서술에 기여할 수 있기를 바랍니다.

구술증언 수집 사업이 진행되고, 책으로 출간되기까지 많은 분의 도움과 지지가 있었습니다. 이 지면을 빌려 부족하나마 감사의 말씀을 전하고자 합니다.

먼저 (사)4·16세월호참사가족협의회와 4·16기억저장소에 감사를 드립니다. 이분들의 신뢰와 적극적인 협조가 없었다면, 이 사업은 처음부터 시작할 수조차 없었을 것입니다. 또한 어려운 정치 환경 속에서도 사업의 취지에 공감해 재정 지원을 결정해 준 아름다운가게와 역사문제연구소에 감사드립니다. 두 단체 덕분에, 이 사업을 4년 동안 계속해 올 수 있었습니다. 그리고 구술증언록 100권의 발간에 동의하고, 바쁜 일정에도 출판 실무를 기꺼이 맡아주신 한울엠플러스(주)에도 감사를 드립니다. 이 외에도 많은 개인과 단체가 직간접적으로 많은 도움을 주시고 격려해 주셨습니다. 여기에 모두 밝히지 못하는 것을 죄송하게 생각합니다.

말할 필요도 없이, 가장 크고 또 가슴 아픈 감사는 구술자 한 분한 분께 드리고자 합니다. 이 책이 발간될 수 있었던 것은, 무엇보다 용기를 내어 아픔과 고통의 기억을 다시 떠올리고 장시간 진심으로 이야기를 해주신 구술자가 있었기 때문입니다. 오랜 시간 이야기를 나누며 함께 공감하기도 했지만, 그 아픔과 고통을 어떻게 가늠할 수 있을까 싶습니다. 더 큰 도움이 되지 못함을 안타까워하며, 이 구술증언록 100권의 발간이 피해자분들에게 조금이라도 위로가 될 수 있기를 기원합니다.

2019년 4월

4·16기억저장소 구술팀 책임자

서울대학교 인류학과 교수 이현정

차례

범수 아빠 김권식

구술자 김권식은 단원고 2학년 4반 고 김범수의 아빠다. 두 아들 중 막내로 태어난 범수는 손재주가 좋아서 종이접기, 제과 제빵, 게임을 잘했고, 또 형과의 우애가 아주 좋았다. 아빠는 키 큰 아들 둘과 화랑유원지를 함께 활보하던 기억이 늘 새롭다. 얼마 전 퇴직한 아빠는 앞으로 남은 생을 안전한 나라, 안전한 교육을 만들기 위해 노력하며 살아가고자 한다.

김권식의 구술 면담은 2017년 1월 6일, 16일, 18일, 3회에 걸쳐 총 5시간 15분 동안 진행되었다. 면담자는 김익한, 촬영자는 김솔·박은수였다.

구술자 본인의 프라이버시나 제3자의 프라이버시를 보호해야 할 부분을 제외하고는 구술자의 발화를 있는 그대로 전사했다.

1회차

2017년 1월 6일

1
시작 인사말

면담자　　　　본 구술증언은 4·16 사건에 대한 참여자들의 경험과 기억을 기록으로 남김으로써 이후 진상 규명 및 역사 기술에 기여하고자 합니다. 지금부터 김권식 씨의 증언을 시작하겠습니다. 오늘은 2017년 1월 6일이며, 장소는 안산시 단원구 세승빌라입니다. 면담자는 김익한이며, 촬영자는 김솔입니다.

2
구술 참여 동기

면담자　　　　새해 벽두부터 이렇게 구술에 응해주셔서 감사드립니다. 아버님, 구술은 어떻게 참여하시게 됐어요? 누가 권유했습니까?

범수 아빠　　　　제가 고잔1동 학교 주변에서 신혼살림부터 해가지고 옆에 세승[빌라에서], 지금은 교회로 바뀌었지만, 여기 애기들 유치원 큰놈 작은놈 둘 다 보내고, 그다음에 단원구 이쪽 관내에 고잔초등학교, 단원중학교, 단원고등학교 그렇게 있어서 가르치다 보니까, 동네가 조금 조용하고 특히 차량이라든지 다 주변에 유흥가가 없고, 관공서나 병원, 그런 것 또 교통편이 다른 지역에 [이렇게] 비해서 애들 키우는 데는 상당히 좋더라고요. 앞에 저수지도 있고 공원도 많고, 출근하는데 회사에서도 가깝고 그러다 보니까 계속 "애들 클 때까지만 여기서 살자" 하고서 살았던 게 지금까지 이렇게 살게 된 계기가 된 거예요, 이 동네에서. 그리고 큰애는 그때 당시만 해도 자기 실력에 맞춰서 학교를 이렇게 지원해서 갔는데, 작은 애기 범수는 얘네가 안산시에서 처음으로 고교 평준화 이런 거 실시 첫해다 보니까, 1지망이 학교 가장 가까운 데 [넣고], 나머지 이제 순차적으로 해서 일고여덟 개 학교를 아마 이렇게 지망하게 돼 있었어요. 첫째 같은 경우는 상고를 나와서 학교를 다니다 보니까 그때 당시만 해도 인문계보다는 상고가 좀 셌거든요. 그런데 차츰차츰 시대가 바뀌다 보니까 부모님들의 환경이나 교육열이나 여러 가지 시스템 자체가 그러니까, 부모님 세대는 조금 못살았지만 자녀 세대는 잘살아야 된다는 개념이 앞섰는지 상고가 자꾸 인문계로 전환되고, 무슨 특성화고나 자꾸 이렇게 변화하더라고요.

그래서 이 시스템으로 가다 보면 애기가 컸을 때 당시에는 그나마 대학교 이상 배우지 않으면 우리와 같은 전철을 또 밟을 것 같아서, 일단은 자기 이제 적성이나 좀 이런 거는 부모 생각에서는 접고 인문계로 이렇게 진로를 택해서 하다 보니까, "어디 갈래?" 물어봤더니 가까운 단원고 간다고 해서 이렇게 그러면 "니 의견이니까 아빠는 무조건 존중한다" [하고] 막지는 않았어요. 그때 옆에 있던 학원을 초등학교 때부터 둘 다 보냈거든요. 이 학원에서는 영어 수학 단과반만. 그때 당시에는 "인근 학교에 가지 않냐, 왜 그런 데에 안 썼냐" 그런 얘기도 있었지만, 나는 [그런 얘기 때문이라기보다도] 애기 의견을 더 존중해 갖고 단원고를 진학하게 해준 게, 어떻게 보면 그때 당시 부모 입장으로서 안 막은 게 참 후회스럽기도 했었고… 또 한편으로는 애기가 했[하겠]다는 것, 반대로 생각하면 자기가 하고 싶은 대로 놔뒀던 게 장점이자 단점 아니면 후회도 될 수 있는데, 일단은 그거 가지고 연연치 않고 일단은 지금도 이사도 안 가고 이 동네에서 이렇게 좀 더 지켜보면서 할려고… 주의하면서 이렇게 지금도 활동하고 있어요.

면담자   구술을 통해 아버님이 어떤 생각을 하시는지 후대에 남기는 게 필요하다고 누가 권했습니까?

범수 아빠   아, [4·16]기억저장소에서 재강이 어머님께서 이제 활동을 하시다 보니까… 애기 이름하고는 연결이 잘 안 됐는데 부모님들끼리 얼굴은 알고 이렇게 해서, 이런 내용에 대해서 어느 정도 좀 인지도 하고 있었고 해서, 기꺼이 오늘 하겠다고 말씀드렸습니다.

면담자   구술 내용이 어디에 쓰였으면 하세요?

범수 아빠   제가 원래 뭐 이렇게 직장생활만 오래 했지 사회생활이라든지 어디 앞에 나가가지고 한 거는 군대 가 있을 적에 막 이렇게, 하사관 출신이다 보니까 군대에서 그 정도는 활동하다 보니까 앞에 나가서 얘기할 때도 많이 있고, 또 애기들의 억울한 참사로 인한 희생을 이렇게 좀 알리고 싶을 때도 있었지만, 일단은 뭐 하여튼 그게 그때 당시 참사를, 진실을 꼭 밝혀서 왜 그렇게까지 했나… 아빠가 회사 다니면서 안전에 대한 환경, 소방 뭐 이런 걸 거의 다 맞춰서 하고, 애들도 큰놈도 마찬가지로 학원 다니면서 있으면 형이 체험 학습 가면 동생 데려가고 동생은 형 따라 보내고 이렇게 해서 다 키워놨는데, 화재 사고도 직장 다니면서 저희 같으면 두 번 소방차 출동했는데, 전부 다 소방차 출동하기 전에 다 이렇게 교육해서 초기 진화, 소화를 했었지만, 이번 참사 같은 경우는 초기 대응이 너무, 부모 입장 아니면 시민 입장[으로] 누가 봐도 대처가 너무 미흡해 가지고, 이거는 원인을 짚고 넘어가야 되겠다 하는 게 제일 먼저 생겼습니다.

3
안산 정착과 생활

면담자　　아까 단원구 고잔동에서 쭉 살아온 이유를 말씀해 주셨어요. 그 얘기부터 들어가겠습니다. 처음 안산에 들어오신 게 언제입니까?

범수 아빠　　그 1988년도 10월 달 정도에 창원에서 있다가 여기 21일 날 왔는데, 그 일주일 전에 왔다 갔어요. 회사를 와서 한 번 보고 일단 20일 날 저녁에 와서 21일 날부터 근무를 하게 됐는데, 그때 당시만 해도 이제 거처할 데가 회사 안에 기숙사가 있었어요. 그래서 거기서 한 3년을 그냥 좀 불편하지만 전기장판 틀고 세 명이서

20
·
범수 아빠 김권식

방 한 다섯 개 있는데, 이렇게 좀 나이나 연배나 부서 비슷한 놈들 끼리 한 3년 같이 있다 보니까[있다가], 결혼하면서 이제 밖으로 나와서 집 얻어갖고 지금 여기 고잔동에서 주거[거주] 계속한 거죠.

면담자   다른 데서 직장생활을 하다가 안산에 있는 회사로 옮기신 모양이에요.

범수 아빠   예, 처음에는 저 군대를 갔다가 하사로 전역하고, 우연치 않게 이렇게 경남 창원공단 내에 있는 □□ □□그룹 모체거든요. □□주식회사라고. 마산에서 바로 봉암다리 건너서 보면 진해로 가는 입구에 주물 단지가 일부 형성돼 있습니다. 이제 그때만 해도 주물에 대해 잘 몰랐는데, 하여튼 그 안에서도 부서가 여러 가지 부서가 있는데 '노전'이라고 그래 갖고 '용탕'을 이렇게 관리하는 일을 좀 하다가, 적성이라든지 또 고향에 왔다 갔다 할 때 교통편이라든지, 여러 가지를 생각한 끝에 '아무래도 이제 수도권 가까이 가는 게 나을 것 같다' 해서 오게 된 게 반월공단까지 발을 디디게 된 거죠.

면담자   그때 반월공단이 많이 입주된 상태였습니까?

범수 아빠   그때 당시 반월공단은 아시다시피 구로공단이라든지 서울에 있던 공장들과 그 주변에 이렇게 조금씩 산재해 있던 공장들[의] 공해 문제 때문에 막 계획된 도시라, 많이 내려와서 자리 잡으려고 할 단계의 초기 정도 됐을 겁니다. 2, 3년 정도, 제가 오기 전에.

면담자   창원에서 처음 취업하고 몇 년 근무하시다가 이쪽으로….

범수 아빠   아니, 한 10개월 있었습니다.

면담자   창원에서 한 10개월 있다가 반월공단이 만들어지니까….

범수 아빠   만들이지고 한 3, 4년 지났을 겁니다, 공단이 형성되고.

면담자   수도권으로 진출한다는 꿈을 가지고 반월로 올라오신 거네요?

범수 아빠   예.

면담자   젊은 시절이니까 반월에 와서 기술도 많이 익히고, 성공해 보겠다는 꿈이 컸겠어요.

범수 아빠   예. 그때 당시는 아직 나이도 젊고 이제 결혼도 해야 되고, 아무래도 수도권이다 보니까 문화시설이라든지 좀…. 상고를 나왔기 때문에 그런지 배운 게 사무적이다 보니까 그런 게 어느 정도 꼭 적성에 맞지는 않아도 활용할 수 있는 기회다 싶어서… 이렇게 있다 보니까 환경에 또 적응도 되고 단계 단계 이제 부서를 떠나서 타 부서 일도 이렇게 장기근속을 하다 보니까, 많이 노력도 했지만 배우게 되고 또 사람들 알게 되고 하다 보니까, 사원으로서는 아마 제가 현재까지는 사장님 다음으로 제일 오래 근무를 하고 다녔습니다.

면담자   아버님 키도 크고 외모가 남성적이라서 저는 생산 쪽에 근무하셨나 했는데, 상고 출신으로 사무직에 많이 계셨네요?

범수 아빠   비철금속을 하다 보면 사무실에서 바로 근무할 수 있는 여건이 안 되거든요. 현장을 모르면 사무실에 앉아서 밑에 돌아가는 내용을 잘 모르기 때문에, 그러니까 쉽게 말하면 이렇게 앉아서 뭐 품목이라든지 품명, 수량 이런 것만 보면 발전이 없을 것 같으니까, 오너의 방침이 지금 말하는 오제이티(OJT) 교육이라고 해서 각 파트별로 이렇게 돌아가면서 현장을 익히는 연습을 많이 시켰습니다. 그래서 현장을, 지금으로 말하면 견습이라든지 뭐 이렇게 하면서 같이했습니다.

면담자   어릴 때나 젊은 시절 얘기도 조금 듣고 싶어요. 대덕구에서 태어나셨는데, 당시에 아주 시골이었겠죠?

범수 아빠   아 지금, 그 당시에 대전시 외곽이 전부 다 대덕군이었습니다. 쉽게 말하면 신탄진, 유성, 저쪽 서대전 나가는 진산, 금산 나가는 산내 이 주변이 어떻게 보면 원이 더 커진 걸, 광역시가 되면서 대전시를 지금은 흡수한 거고, 그러다 보니까 그때 당시 대덕군은 재개발 지역, 지금으로는 뭐 그린벨트 지역이라 개발을 안해가지고, 대전에 비해서 도로는 포장이 안 돼 있고, 교통이 좀 불편했고, 시간별로 이렇게 버스 다녔고, 그다음에 전기가, 그때 당시 일부 지역은 그 물레방아로 해서 학교 같은 경우는 이렇게 발전

해서 시간 타임별로 조금 들어갔고 일부 지역은 안 들어갔고. 그러다 보니까 호롱불도 켰고 촛불 이런 거 해서. 저 같은 경우는 고등학교 1학년 때 전기가 들어왔어요. 아직 뭐 그때 당시는 말이 대덕군, 대전 인근이지 조금 더하면 낙후되었다고 해서 문화생활을 잘못 겪었습니다.

면담자 　아버님 부친께서는 농사를 지으셨어요?

범수 아빠 　저희 아버님 같은 경우는 전대부터 거기가 고향이라 그 동네에서 태어나서 갖고 현재까지도 농사를 지으면서 살고 계십니다.

면담자 　범수 아버님 형제는 어떻게 돼요?

범수 아빠 　4남 1녀 중에 제가 제일 위에 맏이면서 장남입니다.

면담자 　그러면 자랄 때 한편으로는 장남 대우를 받았겠지만, 한편으로는 집안을 끌고 가야 한다는 부담이 있었겠네요?

범수 아빠 　그때는 철이 조금 덜 들어서 거기까지는 [생각이] 못 미쳤는데, 저희 엄마 아버지께서는 일을 안 시켜서. 사실 아버지도 6·25사변[전쟁] 나가지고 초등학교를 이제 왕복 32킬로미터를 걸어다녀야 되는데, 그때 당시 학교가 뭐 불에 타고 거리도 멀고 할아버지가 또 막둥이를 늦게 낳으시다 보니까 여건도 안 좋고 그래서 졸업을 못 하시고, 아버지 나름대로 책 사다가 조금씩 이렇게 독학 비슷하게 하신 걸로 알고 있습니다.

면담자   중·고등학교 다니시면서….

범수 아빠   아, 중학교는 큰집이 이제 대전에 이렇게, 어차피 거기도 이제 시골이 보면 씨족공동체나 친척들 모여 사는데, 지금도 우리 시골에 아버지 큰집, 저희 집, 큰집의 큰집 세 집이 이렇게, 시골로 말하면 외딴집이라고 그럴까요, 한 울타리에서 사는데, 그때 당시에 이제 큰어머님이 좀 연로하셨지만 그래도 이제 큰집의 식구들하고 저하고 이렇게 해서 대전에다 집을 사가지고 고등학교 시험 볼 때까지는 큰어머니 밑에서 밥 얻어먹고 학교 다니고 입학할 때까지….

면담자   그때 대전에서 상고 들어가려면 공부도 비교적 성실하게 해야 할 상황이었죠?

범수 아빠   아, 또 얘기하면 나갈지 안 나갈지 모르는데 저희 집안들이 머리가 좋아요. 큰아버지가 이제 그때 당시 일본에 가서 이렇게 누에 치는 걸, 잠업 그런 걸 해갖고 좀 일찍 깨어서 동네에서도 잠업도 하셨고, 큰아버지 아들하고 제게로는 이제 조카인데 농협에도 근무하셨고, 그 밑에 형은 면사무소 부면장도 하셨고 그랬어요. 또 동네에서 이제 정미소라고, 그때 당시에 방앗간도 이렇게 해서 그때 당시는 유지라고 그럴까. 뭐 지금은 시골이 아무것도 아니지만…. 조금 고생은 했지만 다른 친구들이나 집에 비해서는 좀 덜한 것 같아요, 제가 느끼기로는 지금.

면담자   아버님이 상고 간다고 할 때 범수 할아버지가 찬성

하셨나요?

범수 아빠   아, 그때 당시 저는 상고가 뭔지도 몰랐고, 그리고 이제 동생들이 많다 보니까 그래도 다섯 명씩 다 다녀야 되는 입장에서 대학교는 사실 생각을 못 했었어요. 그렇게 하다 보니까 친척들이 또 공부 잘하는 조카들이 가르쳐주고 이렇게 해가지고 좀 덕을 많이 봤습니다.

면담자   대전에서 자라 군대 갔다 오고, 첫 직장생활을 창원에서 시작했다가 바로 반월공단으로 와서 현재까지 성실하게 살아오신 걸로 이해가 됩니다. 직장 다니면서 이런 걸 성공적으로 잘했다거나 어려움이 있었다거나 기억나는 점이 있으면 말씀해 주세요.

범수 아빠   아, 그게 이제 회사를 다니다 보니까 그때만 해도 한 파트에 여덟 명 이렇게 있었고, PC가 없었을 때였으니까 전부 다 이렇게 수기로 장부를 작성할 때였으니까. 이렇게 직원이 거의 한 80명에서 100명이 되다 보니까 거기서 회장님 눈에 벗어나지 않기 위해서는 [내] 나름대로 하여튼 열심히 하고 빨리 하고…. 이렇게 끊고 맺는 게, 아무래도 이제 내가 대전상고를 나와서 그런 게 아니고, 그렇게 해서 하여튼 이쁨을 받았다고 그럴까. 그렇게 잘 버텼고 또 [내] 나름대로 열심히 했고, 그러다 보니까 근속이 이렇게 오래됐는데 [내] 나름대로는 자부심이 있고…. 더 이렇게 다른 데 가서 꿈을 또 못 펼쳤고, 학교는 좋은 데를 못 갔지만, 그런 욕심도 있어서 공부를 더 하고 싶었었던 저것도 있었는데, 집안 형편이 일단 안 됐고, 나와서 이렇게 애기들 가르치고 부모 도움 크게 안 받고 하려고 하다 보니까, 이 수도권이라는 게 또 제일 먼저 물가도 너무 비싸고 집도 비싸고 그래서, 하여튼 검소한 생활로 이렇게 했고… 아버지가 그걸 알았는지 마지막에 사실은 결혼 전에 저한테 가지고 있는 재산 일부 논, 시골말로 다섯 마지기, 1000평 되는 걸 주셔서 저는 그걸 활용해서 집을 사고 그런 게 아니라 지금까지 관리만 하고 유지하고 있는데, 이렇게 좀 불편했지만 저희 집 사는데 거기에 돈 좀 해서 갖고 있고 팔아먹지 않았으니까, 이렇게 뭐 좋은 집에서는 안 살았으니까 그거면 그냥 만족하고, 평범하게 그냥 시민으로서 살고 있습니다.

면담자   아버님 말씀 쭉 듣다 보면 반듯하고 성실하게 살아오신 게 느껴집니다. 범수 어머니는 어떻게 만났어요?

범수 아빠   아, 집사람을… 집안이 그때 당시 지금도 마찬가지고 대덕군에서 좀 대전으로 되면서 이렇게 고등학교 졸업하고, 이제 큰집에서도 큰어머님 돌아가시고 그 후로 장성해서 결혼하고 하다 보니까 독립하지 않으면 안 될 시기에, 고등학교 때부터 자취 생활 방 얻어갖고 이렇게 몇 군데를 다녔습니다. 그러다 보니까 마지막에 이제 거처했던 주인집, 지금으로 말하면 우리 집사람 친구, 저희 어머님하고 왔다 갔다 하면서 소개팅 비슷하게 엮여가지고 이렇게 만나가지고 결혼을 했는데, 그때 당시만 해도 전화번호 하나 가지고 만났습니다. 그러다 보니까 저희 집사람도 서울에 있다가 안산 반월공단 생기면서 '□□시계' 만드는 '□□정밀'이라고 공단 안에 있어 가지고 반월공단에서, 저도 집이 대전인데 집사람도 이제 대전 근교에서 대전 사람이 됐는데 자주 못 가니까 쉬는 날마다 이렇게 만나다 보니까, 빠르면 빠르다고 할까 한 5개월 연애하고서 결혼했으니까, 어떻게 보면 인연 참 묘하게 돼서 지금 참 잘 살고 있습니다.

면담자   범수 어머니 얘기하면서 미소가 싹 도는 거 보니까 여전히 많이 사랑하시나 봐요.

범수 아빠   잘해요, 저희 집사람이.

4
범수의 출생과 어린 시절

면담자   범수 얘기 조금 하려고 하는데요, 불편하시면 대답 안 하셔도 됩니다. 범수 형 이름이 뭐죠?

범수 아빠   ○○.

면담자   ○○랑 범수는 몇 살 터울이에요?

범수 아빠   ○○가 92년생이니까 올해 나이로 스물여섯 되는 거고요. 지금 집 앞에 여기 동아빌라라고 놀이터 앞에서 신접살림 하면서 여기서 태어나서 놀이터에서 이렇게 놀고. ○○ 5살, 6살

때 원래는 그때만 해도 살기 힘드니까, 대부분 좀 신식 교육받은 사람들은 한 명 내지는 두 명이 추세였으니까, 저희 같은 경우는 한 명 낳고 더 낳을 생각은, 생기면 낳는 저기였지 크게 저거 안 하고 있었는데, 부모님께서 "하나 낳으면 나중에 크면 좀 외롭고 그러니까 낳을 때 낳아서 키워라" 그렇게 해서 좀 늦게 범수를 갖게 됐는데, 범수 엄마가 그때 당시만 해도 산모들이 이렇게 다니는 병원이 있어요. 그러다 보니까 그때 당시에 여자로 말하면 신장이나 간 쪽에 뭐가 잡힌다고, 주먹만 한 게. 그래서 큰 병원 가니까 물혹이 많이 있는데 수술을 못 한다고 하더라고요. 재검까지 하다 한두 번 정도 받았는데, 다낭성 용종이라고 하는데 그 상태에서 이제 범수를 갖고 10개월을 이렇게 가는 와중에 엄마가 임신중독이라는데 병원에서 애기 몸무게가 2.8킬로그램이 안 나가면 미숙아로 된다고. 그 상태면 엄마는 임신중독이고 자궁은 이제, 남자들끼리 뭐 이런 이야기해서 안 됐지만, "벌어지려고 하는 상태가 상당히 위험한 상태라 입원을 하든지 아니면 집에서 아무것도 하지 말고 있으라"고.

그 어려운 상태에 있다가 애기를 낳으러 갔는데 엄마가 또 이제 그러다 보니까 임신인데 혈압이 높아 가지고 도저히 병원에서, 지금은 잘나가고 있는 안산 □□병원이 그 당시에는 제일 컸는데… 그리고 뭐 이렇게 공개해도 되는 거면 [하고] 아니면 안 하고, 그때는 □□병원이라고 지금 □□병원 모체인데, 그 애기 낳으러 가서 애기를 못 낳고, 자기들도 기다리다 안 되니까 빨리 큰 병원 가라고 하더라고, 그때 당시. 이미 점심시간이 넘어 한 2시 넘었을 거야. 뭐 수원이나 고대병원[고려대학교안산병원]밖에 없고 집에서 가까운데, 그래서 빨리 준비해 갖고 간 게 이제 고대안산병원인데, 거기 산부인과 가니까 "어느 병원에서 이렇게 난리를 치고 사람을 다 죽일려고 환장을 했냐?" [그래요]. 이미 엄마는 혈압이 막 200까지 넘어가고 임신중독이고 자궁은 다 벌어져서 그런 상태예요. 빨리 수술 준비하라고 그래서 깜짝 놀랐고, 방법이 뭐냐고 그랬더니 임신중독은 애기를 몸 안에서 밖으로 빼내는 게 1번이라고 그래서 바로 수술 들어가 가지고 애기 낳고 중환자실에서 막 3일 동안 있었고, 애기는 신생아실에 있었어요. 그때 위험한 고비를 한 번 넘겼습니다.

면담자　　범수가 어렵게 태어나서 더 귀했겠네요.

범수 아빠　　아, 그렇게 하고 애기들 보면 우유를 먹고 엄마 젖도 먹지만, 보건소 예방접종 가면 범수가 이제 키는 큰데 2.8킬로그램이니까, 지금 뉴스에서 저기 아프리카에 애기들 이렇게 나오는 것 보면 주름살 많고 털 많은 것마냥[처럼] 그게 한 1년 정도 가더라고요. 그래서 보건소에 가면 "아유 애기가 왜 이렇게 살도 없고 그러냐"고 소리 많이 들었어요. 다행히도 인큐베이터는 안 들어가고 아프지도 않고 잘 커주니 고맙죠.

면담자　　자라면서 성격은 어땠어요?

범수 아빠　　성격은 뭐 애기 때 똑같이 남자 성격이고, 좀 크면서 사춘기 오면서는 이제 말할 말만 하고, 이렇게 형이 물어보는 거, 형 말을 하여튼 아빠, 엄마 말보다 더 잘 듣고, 그렇게 둘이 우애가 좋았어요, 둘이 싸우지도 않고. 형 클 때만 해도 로보트[로봇] 이렇게 블록 조립하는 게 대세였었는데, 범수 클 때만 해도 PC 게임 이런 게 대세다 보니까, 애들이 이쪽으로 많이 치우다 보니까 형 있으면 형 밑에서 눈으로 배우는, 형 없으면 일찍 오니까 지가 이런 식으로 게임도 많이 했고….

또 크면서 이렇게 좀 전산 PC 사무 이런 거 제대로 해야 될 것 같아서, 고잔초 다니면서 아침에 특기 적성 이런 걸 하더라고. 그래서 한 3년을 아침에 1시간 먼저 태워다 줘가지고, 문서실무 국가 공인, 국제 공인 다 똑같이 되는 자격 2급 따고 나서 학원도 다니고 바쁘게 했죠. 형 학교 갈 때 따라가서 하고, 맞벌이하다 보니까 혼자 놔둘 수가 없어서 형 중학교 가면 뒤에다 태우고 이렇게 갔다가 시간 맞춰가지고 가야 되는데… 형이 그때 당시만 해도 성포중학교라고 단원중학교 생기기 전이라 여기서 서울예술대학 지나서 저쪽에 끄트머리인데, 한 30분 걸리더라고…. 태워다 주고 서울예술대학 약수터에서 물도 마셔가면서 시간 좀 지체시켰다가 고잔초등학교에[서] 8시 또는 8시 한 20분 정도 이렇게 학교 들여보내고 출근했는데, 아마 범수가 지네 반에서는 항상 교실 문 따고 들어가고 그랬다고 했어요. 그런 게 그때 당시에는 부모의 욕심에 지금 생각하면 좀 안쓰럽기도 하고, 잠자는 거 좀 덜 자게 하고 같이 일어나서 움직이는 패턴을 부모에다 맞췄다는 게, 가슴 한쪽으로는 응어리가 졌어요.

면담자   범수는 취미가 뭐였어요?

범수 아빠   이렇게 손재주 같은 것이 음식 만드는 거 좀 했고, 종이접기 하고, 고등학교 다닐 때는 단원고 제과 제빵 동아리 활동 하고, 게임은 나중에 『약전』[『416 단원고 약전』] 발행할 때 친구들 몇 명 만나서 물어보니까 중학교 때부터 카톡방 오덕방이라고 거 기에 리더가 범수였더라고. 친구들이 얘기해서 지금도 그 오덕방 이 친구들끼리 같이 이렇게 참 살아서 활동한다고 그래서, 그때 당 시 같이할 때 친구가 카톡에 이렇게 움직였던, 참사 그 후 조금 몇 개 같이 이렇게 A4 용지에다가 출력해 갖고 갖다줬어요.

면담자   범수랑 여행도 좀 다니고 하셨습니까?

범수 아빠   엄마랑 아빠랑은 맞벌이하다 보니까 에… 뭐 거의 못 갔고. 형이나 태권도 학원이나 이런 데서 가는 그런 데 같이 딸 려 보냈고, 같이 갈 수 있었던 여행은 회사에서 장기근속자들 갈 때 중국에 한 번 갔고, 처갓집이 대둔산 밑에서 가든을 하다 보니 까 물가에 이제 거기 가서 노는 거 좋아했고. 시골 할아버지 집 가 면 지금은 대전에서 밑으로 1시간 정도 더 가는데, 물에서 노는 거 엄청 좋아했고, 둘 다 물에서 노는 거 지금도 그렇고, 욕조에 들어 가면 물장구치고… 물을 너무 좋아해서….

면담자   키우면서 어려운 일은 없었나요?

범수 아빠   저희 회사 같은 경우는 사실 뭐 그때 당시에 다 어려웠겠지만, IMF 때는 그렇게 큰 어려움[을] 회사 나름대로는 좀 겪었을지 몰라도, 월급 꼬박꼬박 받아가지고 지체되거나 뭐 이런 거 아니고, 저희 회장님도 월급날 되면 휴일이 껴도 미리, 그다음 날 주는 법이 없이 월급만큼은 제때 줘가지고 지금도 고맙게 생각하고, 그런 어려움도 없었지요. 그때 나오고 나서 회장님 전화 두 번 정도 와가지고 와서 근무 [계속]할 수 있도록 그렇게 얘기는 했는데, 집사람도 치료 중이고 저도 이렇게 좀 심신이 좀 쇠약 상태고 애기 일도 안 끝난 상태라, 연로하신 회장님이 그렇게 했는데 답변도 못 해드리고 휴직 연기를 두 번 했어요.

면담자   범수가 꿈이랄까, 장래 희망에 대해서 얘기한 적 있어요?

범수 아빠   범수는 뭐 하여튼 영어는 뭐 학원에서 제일 이렇게, 단과반이니까 몇 명 안 됐지만 초등학교 4학년 때부터 보냈으니까 제일 잘했고 또 재밌어 했고. 물어보면 다른 책은 이렇게 만화책이나 게임 서적은 학교 다 갖다놨는데 영어사전은 가방에 꼭 들고 다니더라고요. 학원에서도 다른 때보다 일찍 오면 "왜 이렇게 빨리 왔어?" 하면 영어 시험 봤는데 제일 먼저 해갖고 점수 잘 받아서 아는 거 이렇게 했다고, 지는 원래 게이머나 뭐 이런 거 그쪽으로 하려고 했는데, 엄마가 게임 해가지고 힘드니까 좀 다른 생각해 봐라 그랬고. 군대 가서 이렇게 직업군인 장교 하라고 엄마는, 열심히 하는 중에 이렇게 됐어요.

면담자　　○○하고 범수를 엄하게 키우셨어요?

범수 아빠　　저는 뭐 그렇게 엄하게 하진 않았고 좀 약간 개방적으로 했는데, 또 애들이 자랑이 아니라 착하게 커가지고 싸우거나 담배 피우거나 둘 다 이런 건 안 했고. 혹시라도 "맞고 다녀?" 이러면 "내가 왜 맞아" 이러면, 키도 186[cm]에 몸무게 85[kg]에 신발 사이즈가 310[mm]이니까 누가 마음대로 건들 수도 없고. 어느 순간 팔씨름을 했는데 이길 수가 없더라고. 지 형도 183[cm]이고 제 키가 179[cm]인데…. 그때 당시 가끔 머리 식힐 겸 화랑유원지 저수지를 저녁때 밥 먹고 셋이 이렇게 걸어가면 덩치가 183[cm], 186[cm], 180[cm] [되니까] 통장 아주머니가 너무 부러워하셨어. 통장 아주머니는 저희 집사람하고 동갑인데 결혼을 늦게 하다 보니까 애들이 한참 어리다 보니까. 그런 기억도 있고.

면담자　　동네에서 제일 오래된 집일 가능성이 높은데, 이웃과 어떻게 지내셨습니까?

범수 아빠　　뭐, 참사 나고 이렇게 보면 미리 알아서 방송에 나가니까, 저희 사는 동네에서 뭐라고 할까, 갑자기 우황청심환 물로 된 거 박스로 막 아주머니 사갖고 오셨더라고요. 그리고 창동[빌라] 방앗간에 떡집 하시는 사장님이 이쪽에서부터 시작해서, 우리가 여기 동아[빌라] 살다가 바로 옆에 창동[빌라로 이사해서] 멀리 못 갔는데, 떡 이렇게 있으면 해서 준 것도 있고. 회사에서 행사 있을 때나 잔치나 뭐 있으면 내가 떡집에다 얘기하면 여기 사장님이 회사까지 갖다주고 그래서 창동떡방앗간 그 사장님도 잘 아시고. 여기 있다 보니까 철물점부터 해가지고 약국, 슈퍼마켓, 뭐 보면 이렇게 인사하고, 먼저 사는 데 통장님도 사는데 지금 이렇게.

5
종교와 정치 성향

면담자   종교는 혹시 있습니까?

범수 아빠   제가 뭐 종교는 아직 갖고 있진 않은데 부모님이 절에 다니시다 보니까 저희 이름이나 애기들 이름, 절에다 촛불 켜서 이렇게 다 해놓으셨더라고요. 뭔 일 있으면 이렇게 방생도 하시고, 저는 없는데 교회 다니는 동생도 있고. 나중에는 아마 이렇게 할 수 있을 것 같기도 한데, 아직은 부모님 살아 계실 때 같이 따라가는 게 자식 된 도리일 것 같아서 일단은 이 상태에서.

면담자   범수 어머니도 마찬가지고요?

범수 아빠   저희 장모님도 그렇게 하시니까. 원래 가정의 화목을 위해서는 종교가 다르면 내가 보니까 좀 이렇게 집안 간에 뭐가 있는 게 느껴지고, 다 그런 건 아닌데 그런 걸 봐가지고 부모님 살아 계실 때는 따라주는 게 자식 된 도리인 것 같아요. 제 생각엔 사견이지만.

면담자   아버님은 뉴스나 드라마 중에 어느 걸 많이 보세요?

범수 아빠   저는 뉴스나 시사 정도나 [보고], 특히 이제 애기 저거
하고부터는 '[TV]동물농장'을 왜 자꾸 그쪽으로 많이 보냐면 말 못
하는 동물도 자기 새끼나 뭐 저거 했을 때, 그놈이 이 사람 새끼, 동
물보다 못한 국가의 수장인 대통령이, 지금으로 보면 부모들 원하
는 게 진실이고 원인 밝히고 죗값 받으라는 얘긴데, 못 밝히고 다
지금 모른다, 아니다, 기억 안 난다, 그 시각에 뭐 했나 발표도 안
하지… 그 민심이 천심이라고 그랬잖아요. 농사짓는 사람은 농사
하늘에다 맡기고 이렇게 해서 과욕도 안 부리고 주는 것 받는 건
데, 지금 우리 애기들은 내가 봐도 자식이 너무 착했지만, 다른 애
들 이렇게 들어보면 이 세승[빌라]에도… 8반 [친구인데], 범수하고
같이 다니던…. 다 아빠나 부모님들 이렇게 보면 알잖아, 애기들
보면 부모님 안다고. 진짜 세상 돌아가는 나라 꼬라지[꼬락서니]가
나라가 아니야 나라가. 대통령은 대통령이 아니고. 그런 걸 좀 뜯
어고치고 싶은 마음에, 제가 진짜 허리 수술하고 다리 인공관절 넣
었지만, 할 수 있는 범위에서는 분향소[정부합동분향소] 당직도 혼자
서봤고, 동거차도도 힘들지만 엄마 애기 저거 해서 일주일씩도 가
봤고, 광화문에 뭐 행사 있으면 차 타고 멀기도 하지만 웬만하면
안 빠지고, 피켓 인제 주로 이제 엄마들이 자기 가까운 쪽으로 가
지만 할 수 있는 건 최대한 이렇게 해서 어필을 좀 하려고.

그리고 지방 공장에서 3개월 있으면서도 내가 □□농공단지 안
에 있었지만, 그 지역에 리본도 달고, 바닥에다가 노란 페인트를

□□중학교에서부터 □□고등학교, □□농공단지에 '0416' 이렇게 노란 리본 달고, 페인트 갖고 다니면서 많이 해놓고 왔는데… 엊그저께 직원 만났을 때도 "그거 누가 치우지 않았냐"니까 "아 있습니다, 부장님" 그래. 뉴스를 보니까 사람들이 이렇게 맘이 조금씩 열려. 경상도와 전라도가 옛날부터 이 텃세 아닌 경계, 이게 경상도는 특히 내가 그쪽에서도 회사에 있었고 여기도 있지만 심한 것 같아. 관심이 별로 없어.

면담자   아버님, 참사 있기 전에 투표하시면 야당 지지하셨어요?

범수 아빠   저는 충청도 사니까 옛날에 자민련이라고 해서 대전쪽에 있는 사람들 많이 해줬는데, 이쪽에 올라와서부터는 야당, 이거 얘기하면… 저는 야당을 좀 많이 지원했습니다.

면담자   그래도 지금처럼 정부를 강하게 비판하시진 않았죠?

범수 아빠   지금은 여당 많이 욕해서 일단은. 집사람도 옆에서 욕할려고 그러면 나가서 하라고 그러지. 그 정도로 내가 막 입이 좀 거칠다고 그럴까, 막 분노가 치밀어서 "저건 분명 아닌데 저렇게 하고 있어" 그러니까. 눈에 보이니까 지금은 여당은 정치인으로 생각 안 하고 있습니다.

면담자   정치인이나 국회에 바라는 게 있습니까?

범수 아빠   지금 어차피 국민이 주인인 시대는 맞잖아요. 이 대한민국, 맨날 들어서, 민주공화국이고 그러면 국회의원들이 정치를 똑바로 해야 되는데, 지금 보면 전부 다 유착 관계가 너무 이렇게 막 뭐라고 그럴까 큐브 꽉 묶어 있는 상태로 이걸 안 풀려고 빗장 걸고 있으니까. 이거를 역대 대통령이라든지 명예로 이렇게 조금, 학교로 말하면 석좌교수님이나 저명하신 분들 많이 있잖아요. 좀 이렇게 나서서 양심선언도 하고 이렇게 해서 좋은 쪽으로 끌고 갔으면 괜찮은데, 너무 나이 먹은 사람들이 그런 자리에서 안주하고 가만히 있고. 젊은 층, 학생들이 나서서 이렇게 촛불[집회] 하는 이유가 다 그런 거예요, 일단 '바뀌어야 된다'. 그렇게 하기 위해서는 미약하나마, 조금 더 내가 힘들더라도 나가서 하는 거죠. 또 대기업체 총수 그 사람들도 뭐 정치에 유착이 되다 보니까 했겠지만. 〈비공개〉 그 종교나 여기[학교] 빗대서 얘기하자면, 조교가 무슨 힘이 있겠습니까. 총장이 위에서 막 이렇게 만나고 하다 보니까, 그거 총장한테 또 지시 내리는 사람이 그 위에 있었는데, 하다 보니까 이렇게… 부모 입장에서는 아는데, 좀 양심선언이라도 이렇게 해줬으면, 바뀌어야 된다는 것. 그다음에 이거는 지금 우리 젊은 미래의 애기들, 크는 애기들이 본받을 바가 아니니까… 오죽하면 범수 형이 [세월호] '세' 자도 못 꺼내게 하고, 지 나름대로 해서 일본으로 갈려고 자꾸 발을 돌리는 게, 부모로서는 막을 수도 없고, 여기 오면 가기는 가도 그게 원해서 가는 건… [아니니 마음이 아프죠].

6

참사와 범수의 장례

면담자　　　범수 수학여행 얘기를 조금 할게요. 단원고에서 제
주도 수학여행이 결정된 것을 언제 아셨습니까?

범수 아빠　　　그거는 이제 범수가 A4 용지에 학교에서 유인물 나
눠주는 것 갖고 와가지고 이렇게 쭉, 예를 들면 A 지역, B 지역, C 지
역 있더라고, 코스를. 설악산 뭐 강원도 쪽 이렇게 해서 4박 5일? 3박
4일 이렇게 해서, 그다음에 제주도 뭐 이렇게 하고, 항공편 뭐 쭉
있고 보니까, 단원고는 배 타고 갔다 비행기 타고 오는 코스더라
고. 다른 학교는 비행기 타고 갔다 비행기 타고 오는 데도 있고, □□
고등학교는 맨날 이렇게. 그런 건 뭐 학교 행사니까 크게 좌우 안
했고, 그다음에 동그라미 쳐주는 건 제가 쳐줬는데, 제가 물어봤
죠. "설악산 쪽으로 가면 안 돼?" 그랬더니 "아빠 안 돼" "왜?" 그랬
더니, 애기들 다 제주도 쪽으로 많이 이렇게 원한 모양이야. 그쪽
으로 인제 체크하게 이미 여론이 다 돈 거예요. 그래서 그냥 "제주
도 쪽으로 가" 이렇게 동그라미 쳐주고, 엄마 같은 경우는 또 우스
갯소리로 "안 가면 안 돼?" 하니까 "안 돼" 그렇게 했고. 가기 전에
그렇게 짐 뭐 필요한 것 전부 다 제가 캐리어에 넣어줬고. 캐리어
는 나중에 찾았는데, 손가방이라고 거기에 들어가 있는 헤어드라
이기하고, 손수건 같은 거 혹시 산 올라갈 때 땀 닦으라고 해준 거,
좀 소중한 것 있으면 거기다가 넣고, 그렇게 하라고 했는데. 나중

에 갈 때는 전화 안 했는데, 4월 16일 날 회사 갔는데 9시 16분에서 17분, 약 1분 동안 범수가 아빠한테 전화 와가지고 통화를 했어요, 배 침몰한다고. 그래서 전화 목소리 다 듣고.

그 얘기[를] 하면은, 핸드폰 그때 놓고 잠깐 어디 갔다 왔는데 벨이 울려서 보니까, 큰놈은 '왕자'라고 그랬고 지금도 작은놈은 '작은아들'이라고 해놓았었는데. 지금도 범수 전화는 살려놨어요, 전화는 없지만 죽일 수가 없어 갖고. 돈만 지금 1만 얼마 나가게 해서, 그냥 쓰지도 않는 전화비 계속 내고 있으니까.

통화하면서 "아빠 큰일 났어" 그래서 난 깜짝 놀랐어요. 9시 16분이면 시간상 제주도 도착했어야 되는데, 배가 지금 침몰하고 있다고 하니 깜짝 놀랐죠. "어떻게 하고 있냐?" 그랬더니 "구명조끼 입고 기다리라고 해서 다 지금 다 누워 있다[기우니까]"고 그래요. 구명조끼 입었냐고 했더니 입었다고. 그러면 아빠가 해줄 수 있는 말이, 소지품 챙기는 거, 가방 같은 거 다 신경 쓰지 말고 버리고, 안내 방송 나오면 잘 따라서 대처하라고 그랬는데, 범수가 "아빠, 살아서 갈게" 하는데, 그 뒤에 말도 못 하고 전화가 뚝 끊어져 버렸더라고.

그러니까 4반이 자연 B, 얘네 반이 3번 B, 4번부터 이렇게 쭉 시작했는데, B-3, B-4 이렇게. 왼쪽 편으로 이렇게 기울었는데 왼쪽 편에 탔었어. 그러니까 아마 1반부터 2반, 3반, 4반 이렇게 쭉 가다 보니까, 1반은 아무리 기다리라고 해도 이렇게 기울어지니까, 창가에 물이 들어오니까 보고서 사람이 안 나갈 수가 없잖아. 그러니까 1반이 많이 살았어. 다른 반 여자 반이지. 그런데 그 뒤로 갈수록 많이 못 나왔어. 물 들어오기 시작하면 문도 안 열리고, 이미 그때 막 물 차버리면 나올 수도 없고.

가장 저거 한 건, 그럴 때 제주도를 안 갔다 왔어야 되는데… 학교 다닐 때 완도에서 배 타고, 한일카페리호라고, 제주도를 갔다 온 적이 있어 가지고, 배가 엄청 크더라고. 그 배가 바로 가라앉으리라[고]는 생각지도 못했고, 그 정도면 금방 가라앉는다는 것보다는 분명히 연락을 취해서 구조나 뭐 이렇게 연결하면 옆에서 보트나 뭐가 와서 구해줄 줄만 알고, 내려가지도 않았었어요. 엄마들한테 사고 났다니까 옷 챙겨갖고 막 내려갈 때, 우리는 회사에서 엄마 데리고, 6반 승태 엄마랑 같이 내가 데리고 와가지고 학교 갔는데, 그 관광버스가 한 차 또 차고 한 차 또 차고 계속 그러더라고. '아, 이거 심상치 않다' 나중에 이제 신원 미상 해갖고 딱 뜨는 거 보니까 '단원고 희생자'. 지금은 알게 됐는데 '차웅이', 우리 반 애가… 그 엄마들은 이제 벌써 내려가 가지고 저 목포 다 와가지고 연락받아서, 가지도 못하고 이런 상태에 있었고.

우리 같은 경우는, 그때 당시 〈비공개〉 [금융기관에 있는 조카에게] "조카, 지금 배가 이렇게 돼가지고, 애기들 옷 젖어가지고 엄마들 옷 갖고 지금 내려가는데, 거리도 멀고 그러니까 그쪽에 지점에 혹시 직원들 연락되면 부탁 좀 해줘" 했더니 "아저씨 걱정 마… 다 저거 할 수 있어" 그렇게까지 얘기했었거든요. 그래 가지고 나중에는 뭐 '전원 구조' 해갖고 한 번 팍 뜨더라고요. 강당에서 모여가지고 흥분한 부모님들이 옛날 사람들 보면 그 마당… 뭐야 각 통신사 기자단 꽉 차가지고, 박수 치고 난리 났어. 그러다가 나중에 오보라 할 때 또 한 번 죽인 거예요, 거짓말해 가지고. 그러니까 어떤 부모가 의자 집어던지고, 앞에 마이크 잡고 있는 선생님인지 누군지 몰라도 때려죽여 버린다고 아주 살벌했어.

'도저히 안 되겠다' 해가지고 집에 가서 준비해 갖고 새벽에 첫차 타고 이렇게 갔는데, 엄마[가] 쓰러져 갖고 기진맥진해 갖고 결국 이틀 만에, 거기서도[진도체육관에서도] 계속 누워 있었지만, 구급차 타고 진도한국병원에서 링거도 맞고 계속 실신 상태에 있어서, 나는 병간호하느라고 어떻게 할 수도 없고, 진도체육관에는 아무도 없었어요.

○○가 대전에서 처음에 내려왔다가 지는 이제 엄마 저렇게 하고 있으니까 휴학계 내려고 [했는데], 엄마가 휴학계 내지 말라고 하고, 또 시험 기간 딱 걸려가지고 가서 시험 보라고. 근데 사회복지 그 교수님이 사실상 리포트로 대체해 줄 테니까 내려가래. 대전에서 진도 가는 차가 바로 없어 가지고, 또 차멀미를 많이 해요, 큰놈이. 광주 가서 내려가지고 또 차 시간 맞춰서 진도까지 와가지고, 진도에서 택시 타고 오라고 했더니, 거기서 진도체육관까지 걸어왔어요. 그러다 보니까 저녁 6시가 넘었더라고요.

우린 그때 이제 4반에 승묵이 엄마[가] 같이 쓰러져서, 거기[진도한국병원에] 실려 가서 같은 방에 있었거든요. 체육관에서 봉사활동 하시는 분들이 이렇게 막 여러 군데에서 지원이 들어오니까, 밥도 오고 도시락 같은 게 오다 보니까 그걸로 대충 먹고, 엄마들은 주사 맞고 있었지. 승묵이 아빠가 밥 먹으러 체육관 간다고 그러니까, 지 밥도 안 먹고 하니까 승묵이 아빠는 삼촌들이 그 차에 태워가지고 딱 갔는데, 한 30분도 안 됐는데 전화가 온 거예요, 아들한테. "팽목항에 느낌이 이상하다"고. 그때 6일째 되는 날인데, 느낌이 이상해서 또 전화해서 "어디냐" 그랬더니 "아빠, 나 갔다 올게" 하더니, 벌써 한 30분 됐는데 어떻게 할 수가 없더라고, 이미 출발해서.

느낌이 싹 오는 게, 아니나 다를까 또 전화가 오더라고 "범수 왔다"고. 신상명세서를 A4 용지에 써가지고 이렇게 쭉 붙여놨었는데, 그거 가지고 어차피 [발 크기가] 310[mm] 나오니까 단원고에서 발 크고, 네파 추리닝에, 나이키 추리닝에 지퍼 달려가지고, 이게 안 없어졌나 봐. 그게 나중에 구급차에 타가지고 목포로 간다고 그러는데, 거기 시청에서 나왔는데 바꿔주더라고, 부모니까. "어떻게 했으면 좋겠냐"고 하는데, "애기[범수 형]를 거기, 시신 옆에다 태워갖고 목포까지 갈려고 하는 자체가 그거 안 되는 거 아니냐"고. 그래서 놀랄까 봐 애기들, 그렇잖아요. 그 많은 데 가서 다 열어봤을 거 아니에요? 한두 명도 아니고 막 나오면서, 나도 안 봤는데 지가 얼마나 놀랬겠어요. 다 덮어놓은 거 이렇게 다 얼굴 확인시켜 주느라고. 그래 가지고 "택시나 뭐 하나 차 불러가지고 병원으로 보내라"고. 나중에 그렇게 해가지고 구급차하고 차가 하나 따라왔더라고, 병원 앞에까지. 엄마 또 울고불고 난리 났지.

옆에 있던 승묵이 엄마 쓰러진 데다가, 승묵이 엄마는 우리보다 30분 먼저 왔는데 우리는 찾았는데 거기 엄마는 못 찾으니까 또 거기서 뭐 어떻게 되겠어요. 그때는 이미 애기들 살았다는 생각은 다 접어야 될 [때니까], 6일이 지났으니까, 뭐라도 찾기를 저거 하는 거지 그 당시에는. 살아서 나오면 이제 기적이고, 부모가 그렇게 생각하는 게 저거 하지만, 하여튼 다 그런 마음이었어요, '애기라도 찾자'.

승묵이 엄마 와가지고 집 안에 막 여섯, 일곱 명 있는데, 엄마 얼굴 아니까… 승묵이 엄마도 같이 울고 있고. 내려와 가지고, 병원의 그 간호사님들이 그때 당시 유가족들이니까, 간호사님들이 그 우울증, 사람이니까 어쩔 수 없었잖아요. "고맙다"고, "진짜 감사하다"고, 엄마는 죽을 판이고, 쓰러져 가지고, 거기서 이제 목포로 와가지고 DNA 검사 다시 하더라고.

앞에 가신 분들이 자기 정신이 아니니까, 애기들이 막 바뀌어 가지고, 잘못 데리고 갔다가 다시 내려오고 올라오고, 내가 알기론 지금 한 세 명이 그렇게 한 거 같아. 그 검사하는 데 한 2시간 걸려 버리더라고. 가니까 거기서 또 확인시키더라고. 애기 물에서 건져 났는데 어떡하겠어요. 약간 뭐 6일 됐으니까 살색은 안 돌고 퍼르스름하고[푸르스름하고], 다 뭐 이렇게 쥐고 있고, 조끼 입었고, 여기다가 핸드폰 꺼내놓고 돈 쓰다 남은 거랑 이렇게 놓고, 맞나 안 맞나 확인하라고 그러는데, 어떻게 해줄 수도 없고 부모 입장에서는 가슴이 메어지는 거예요. 1시간 반을 기다려야 하는데, 엄마는, 지

범수 아빠 김권식

형은 거기를 들어가지 못해, 다리가 후들거려서. 그래 혼자 들어가서 확인하고, 구급차에다가 실어주고. 택시 하나 따라서 안산까지 우리 반 수현이네랑 같이 올라왔어요.

안산 오니까 이미 꽉 차서 자리가 아예 없어. 인천, 수원, 안양 쪽으로 알아보고 갈라고 "시화 쪽에 있냐" 그랬더니 "잠깐만 기다려보라"고 해서, 시화장례식장으로 연결해 주더라고. 그래서 우리가 안산을 벗어난 게 처음이었어요, 우리가.

안산 오니까 현수막에 '근조 단원고등학교 희생자' 뭐 다 했는데 시화 쪽에는 그것도 없어요. 그 뭐 공무원들도 막 가서 하고 그러니까 길거리에 현수막도 걸어주고, 병원에다가도 이렇게 막 해주기 시작하고 우왕좌왕하는 거예요. 그렇게 해놓으니까 이제 지나가는 애기들, 키우는 엄마, 아버지들 누구든지 분향하고 그랬으니까. 조금 있으니까 학교 선생님들, 중학교 선생님들 연락받아 가지고 하여튼 거의 뭐, 조화… 자랑이 아니라 난 얘기도 안 했는데 입구에서부터 들어오는 데까지 한 3, 40개를 갖다놨더라고. 국회의원 누구 뭐 이런 건 빼놓고, 국무총리 이런 건. 수현네 같은 경우는 다 집어내 버리라고 그랬어요. 나는 뭐 그냥 리본 떼어가지고 저 구석 쪽으로 밀어버리고, 그때는 그렇게 막 사람들 분노에 치밀어 있었어요. 공무원들 또 시청 이런 데 나와가지고 장례 끝날 때까지 거기서 계속…….

그리고 또 수원연화장 장례 치르러 갔는데, 하루 전에 맞추라고 해서 다 맞춰놓은 유골함이 1시간 반이나 늦게 오고, 애기는 벌써 화장 끝나서 있는데, 우리 사장도 같이 와가지고 "연화장에서 파는 거 갖고 와서 하면 안 되냐"고 그래서 가봤더니 거기서 파는 건 전부 다 좀 나이 드신 할머니, 할아버지용이야, 누가 봐도 애기용이 도저히 안 됐으니까. 그래 기다릴 테니까 빨리 택배로 보내든 뭐든 갖고 오라고…. 그때는 내가 제정신이 아닌 사람이라, 화장하면, 보셨겠지만 다 끝나면 커튼 딱 열어주고 보라고 하잖아요? 다시 닫아놓으라고, 엄마 쓰러진다고. 그러니까 1시간 반을 기다려갖고, [유골함이] 나중에 와가지고 거기다 이렇게… 제정신이 아니었어요.

또 그 당시만 해도 정신도 있었는지 없었는지 그랬는데, [당시에] 안산에 와동체육관에 다 옮긴다고 그랬거든. 그러면 가까운 데로 하늘공원, 그 안산 바로 옆에 있으니까, 어디 있나도 몰랐죠. 그렇게 해놨는데, 나중에 또 와동체육관은 실내라 햇볕도 안 들어오고 어떻고… 핑계인지 뭔지도 모르고… 그게 이제 지금까지 이렇게 돼서 효원, 서호, 하늘공원[추모공원]….

개중에는 지금은 집에 가져간 사람도 있고. 사찰에, 수목장에 이렇게 애기들이 흩어져 있어. 안산에 분향소는 그대로 있고, 미수습 애기들은 지금 저렇게 하고 있고, 부모 입장 다 똑같은데 우리 애기 먼저 나왔다고 먼저 할 수도 없고, 안 나온 부모들 입장도 좀 배려해 가지고 같이, 그러면 저거를 해가지고 하여튼 분향소 당직도 혼자 많이 잤어요, 가서. 힘들지, 직장 다니면서도 그렇게 했으니까. 또 너무 마음이 아파서 못 나오시는 부모님들 헤아릴 줄도 알고 [그래야지요]. 지금도 못 나오시는 분들도 [있으니까]. 그래서 옛날보다는 동력이 많이 줄었고, 이렇게 오래되다 보니까, 애기들 또 크고 하다 보니까, 가르쳐야 될 거 아니에요. 엄마들이 맞벌이하던 사람들이 이제 '하나는 못 다니고 한 명이라도 벌어야 되겠다' 그래 갖고, 직장 이렇게 거의 뭐 둘 중에 하나는 다니는 쪽이 많아졌어요. 옛날보다 이제 사람들이 많이 줄었어, 활동하는 사람들이.

면담자　　그럼 범수는 하늘공원에 있어요? (범수 아빠 : 네) 팽목항에서 범수를 처음 만났을 때나 장례 치를 때까지 실감이 안 났을 것 같아요.

범수 아빠　　그 당시에는 안 나죠.

면담자　　'범수를 이제 하늘로 보냈구나' 하는 느낌이 언제 들었어요?

범수 아빠　　아직도 보냈다는 마음이 안 들고, 꿈에도 안 나타나고, 뭐 잘 못 해줘서 그런지… 엄마는 잘 안 가도 나는 거의 한 달에 두세 번씩 꼭 하늘공원 갔다 와요. 분향소도 가끔 한 번씩 들르고… 지금도 실감이 안 나요. 항상 갖고 다녀요. 어제 같은 경우도 모임에 [있다가] 잠깐 동거차도 가는 사람이 있어서 보내고 [다시] 왔는데.

　　이렇게 보면 그 안산에서 대전상고 동문회가 있는데, □□고등학교에 교사로 있는데 부장교사로 한 30년 정도 했어. 그 후배가 카톡으로 "범수 아빠" 이렇게 했는데, 이게 어디냐면 서산에 가면

개심사라는 절이 있고, 간월도에 가면 바다 저 쪼맨한[조그마한] 섬에 간월암이라고 있어요. 그때 놀러 간 게 보니까 2007년 5월 25일인데, (사진을 가리키며) 이게 범수거든요. 요 사진을 [보내줬어요]. 다른 건 있는데. 이렇게 카톡으로 조금 볼 때, 10살 때니까 초등학교 3학년, 이 모자가 지금 집에 있는데, 이게 커서 샀는지 뭔지 몰랐었어. 이때 당시 쓰고 있다는 얘긴데 이게 10살 때, 찍어갖고 올린 거거든요, 이게. 박찬호가 메이저리그 갔을 때 뒤에 등 번호가 67번이니 모자 백넘버 이렇게 달고 하고선.

면담자　　아버님은 범수가 아직도 옆에 있는 것처럼 느끼신다는 거네요.

범수 아빠　　예. 그냥 편하게 같이 옆에 있다 생각해요. 엄마는 자꾸 집에다 이렇게 펴놓는 거 싫어하지요. 집에 가면 펴놓거나 이렇게 영정 같은 거 꺼내놓지 않고, 리본이나 이런 거 방 입구에다 걸어놓고, 나머지 관련된 거는 전부 다 이렇게 서류 봉투에 넣어가지고 책꽂이 옆에다 안 보이게 해요. 그리고 엄마가 나 지방 공장 갔을 때, 자꾸 생각나고 그래서 그러는지 쓰던 거 많이 없애버려요. 맘이 아파서 그러는 거겠지 뭐, 부모니까. 몇 개만 있어, 지금.

7
진도체육관 상황

면담자   아버님은 범수 어머님이 실신해서 병원에 가는 바람에 진도체육관 상황은 거의 못 보셨겠네요?

범수 아빠   거의 한 이틀 정도는 봤죠.

면담자   초기에 박근혜 내려오기 전인가요?

범수 아빠   박근혜도 봤어요.

면담자   박근혜 내려왔을 때 상황이 좀 기억나십니까?

범수 아빠   그때 갑자기 막 기자들 많은데 도로 안쪽으로 경찰들이 이렇게 일정한 간격으로 쫙 깔렸더라고. 대통령이 오는지 뭔지는 하여튼 알았겠지만, 안에도 얘기 들어보니까 그것까진 생각을 못 했었는데, 사복경찰 깔렸고. 경찰들이나 의경 애들 인제 입구서부터 길 양쪽으로 있었고, 대통령 올 때 가운데 통로 양쪽으로 하여튼 경호원들이 그냥 이중으로 해가지고 옆에 사람들 못 들어오게 팔짱 껴가지고, 대통령 쉽게 말하면 안 다치게 하려고 했는데, 키도 조그마하더라고 보니까. 그렇게 해가지고 앞에 가가지고, 자기는 [자기] 나름대로 방송에 나온 것처럼 "슬프다" 뭐 이런 소리 하면서 "빨리 수습되면 좋겠다" 뭐 이렇게 해가지고 얘기하고 갔고.
　　유가족들이 TV도 없고 그러니까 앞에서 건의해 가지고, 양쪽에

다가 화면 나오게 큰 거 이렇게 해서 항상 볼 수 있게, 동거차도 상황을 양쪽에다 설치하라고 해서 했을 거야, 아마 그건, 내 기억으로는 그렇게 했고. 그다음에 이 사람 저 사람 막 나와서, 삼촌이 됐건 친척이 됐건, 반 밴든지 뭔 밴든지 서로 연락처를 이렇게, 올라간 사람도 있고, 병원 실려 간 사람도 있고, 막 여기저기 관련된, 관련 없는 사람들이 막 와갖고 마이크 잡고서 우왕좌왕하고, 그 정도. 아파서 실신하고 저기서 아이고아이고 하다 보면, 뒤에서 뭐 하나 갖다 붙여놓고 누구 신상 이렇게 나오면 우르르 가서 '우리 애기 아닌가' 보고, 다 정신이 없었죠. 천장 조명, 그 무슨 눈부셔 가지고 잠을 잘 수가 없어요.

그러니까 뭐라고 하나 '멘붕 상태'. 그냥 배고프니까 먹는 거나 먹고, 막 우왕좌왕하고… 하여튼 내 새끼가 아니기를 바라고, 살아오기를 바라고, 혹시 뭐 뉴스에 자막이라도 이상한 거 뜨면 '우리 새끼 아닌가' 막 그렇게 하다가, 이게 폭 꺼졌을 때 이제 사람이 기절했어요. 거기까지는 기억나요. 엄마들이 거기서 한 번 더 저거 하다가[기대하다가], 그렇게 됐을 때 꽁무니만 좀 보였었는데, 그 에어포켓이네 뭐네 공기 들어갈 수 있네 뭐네 주입한다고 하니까 그나마 희망을 갖고 있었거든. 근데 [배가 바닷속으로] 폭 들어갔을 때 한 번 더 사람들이 진짜 어려웠어. 그때가 제일 힘들었어요.

면담자   오늘 생각보다 시간이 많이 흘러서 집중력도 떨어지고 피곤하실 텐데, 한 가지만 더 확인할게요. 당시에 이틀 동안이지만, 공무원들이 어떻게 보였어요?

범수 아빠   그 당시에 맨 앞 왼쪽에 학교에서 선생님이라고 그 래서 좀 와서 있었던 거 같고, 그다음에 군의관하고 무슨 구급대 차 대기하고 있었고, 병원이나 보건소 뭐 이렇게 해서 와 있었고. 공무원이 있었을 텐데, 걔들도 정보를 못 받아서 그런지 우왕좌왕 했었고. 그때 단원고 교장이 나와가지고 아마 단원고 교감에 대해 서 성격이 내성적이네 뭐 하네 좀 깐 얘기, 쉽게 말하면 일 처리를 잘못했다는 식으로 그렇게 하고, 정확한 뭔 얘기를 했나 모르겠네.

면담자   해경은 어땠어요?

범수 아빠   나중에 해수부 장관인가 누가 해가지고 진도군청인 가 거기 막 이렇게 15분인가 몇 분 간격으로, 미니버스로 가서 볼 수 있게 했었던, 거기 가서 뭐야 현재 구조 상황 이렇게 해가지고, 그때 한 번 딱 갔었어요. 그때 당시 무슨 갑자기 생각 안 나는데.

면담자   이주영 장관이요?

범수 아빠   이주영 장관, 조그만해서 턱수염 이렇게 기르고. 우 린 뭐 깊이 있는 건 모르고, 좀 상황이 이렇게 돌아가니까 그때까 지만 해도 반신반의하면서 이렇게, 정보가 없으니까, 다 그냥 구 조… 인명 이런 거. 일단은 못 살린 거에 대한 원망도 있었지만, 혹 시 내 새끼라도 찾을 수 있나… 6일 동안 아무것도 안에 뭐 몇 명 없고 그러니까, 거의 한 일주일 때쯤에 애기들 막 나오기 시작했 지. "니네 왜 애기들 안 [데리고 오냐", "잠수부가 들어가서 왜 안 꺼 내 오냐" 뭐 하나 하니까, 이제 그때 군대 갔다 온 엄마, 아버지들,

아버지들이 특히 많지. "야, 밤에도 괜찮으면 조명탄 띄워가지고라도, 밝혀갖고라도 해야지" 하면서… 그때부터 막 조명탄 터뜨렸다고 했는데, 실제적으로 터뜨렸는지, 재고 있는 것 같다가 터뜨렸는지는 모르겠지만, 조명탄 뭐 써가지고라도 하라고 난리 치고.

8
참사에 대한 소회

면담자　　아버님 말씀 들어보면 정말 성실하게 살아오신 것이 절절하게 느껴지고, 두 아들한테 사랑을 많이 쏟으신 것 같아요. 수학여행 가방을 직접 챙겨주셨다는 말씀 들으니까 더 그런 생각이 들고요. 왜 나한테 이런 일이 일어났는지 원망스럽지 않았어요?

범수 아빠　　일단 뭐 사람이 직감이라는 게 있는데, 벌써 뉴스에 단원고 막 이렇게 참사 저거 할 때… 할아버지께서 농사지으시니까 들에 나가서 가지고 이상하게 까마귀가 짖고 하니까, 자꾸 단원고 쪽에 막 이렇게, 안산 사니까 아이들이… 근데 아버지한테 전화가 와도 제가 범수가 수학여행 가서 [그렇게 됐다는] 그 얘기를 차마 못 했었어요, 찾을 때까지. 찾고 나서 그때만 해도 개별 장사 치르는 줄 알았어요. 그래 가지고 범수가, 이제 할아버지 대전 사시니까 '대전으로 데려가서 장례식장에서 해야 되나, 안산으로 가서 해야 되나' 그때까지도 몰랐는데, 쪼끔 있다 보니까 다 대부분 안산으로 가는 방향으로 가닥이 잡혀갖고 이렇게 왔었고.

하여튼 뭐 어휴… 지금 뭐 아버지도, 엄마랑 그 사건으로 인해
가지고 똑같이 말은 안 해도 더 아파하고, 약 드시고, 사람이 놀라
면 귀도 안 들린다 하는데, 원래 나이 드셔서 그런 것도 있지만 지
금 난청 비슷하게 막 귀가 들렸다 안 들렸다 해서. 오늘도 전화하
니까 대전에 성모병원, 눈도 그렇고 여기저기 합병증 비슷하게 이
제 막 답답하고… 새끼 저거 하니까 말은 못 하고, 엄마도 "입맛도
없다"고 "입이 쓰다", 입까지 돌아갔었어요, 어머니. 다시 돌렸는
데, 눈은 안 돼가지고 쌍꺼풀 수술하고. 그 충격이, 단순히 엄마 아
버지, 부모만 이렇게 된 게 아니라, 말은 안 해도 전부 다 가족이 파
괴 비슷하게 이렇게 좀먹는 식으로 가슴에 응어리가 졌어요. 그래
도 "밥 잘 먹고 힘내야지" 이런 식으로 위로하는데도, 당장 엄마,
아버지 자기들도 그러면서… 새끼니까… 그게 부모 마음인 것 같
더라고….

그냥 말로만 "야, 애기들 사랑해" 이렇게 [하는 게 아니라] 먹는
거나 이런 거, 엄마 늦게 오면, 맞벌이하니까 내가 밥도 많이 해서
줬거든. 밥 먹고 학원 가면 10시에 오니까, 저녁 안 먹고 그러면 굶
거나 군것질하고 그래서, 우리는 냉장고 옆에다가 1000원짜리나
만 원, 2만 원씩 항상 넣어뒀어요. 필요하면 아침마다, 학교도 마찬
가지고 지가 3000원, 4000원을 항상 갖고 갔어요, 지 용돈 말고 별
도로.

나는 이쁘잖아요, 막내가 또 키우다 보면… 아시다시피. 그래

서 슈퍼 같은 데 가서 아이스크림이나 음료수나 애기들 잘 먹는 것, 초콜릿 같은 것… 여름에 학교 갔다 오면 냉장고부터 열어보고 크림 하나 꺼내서 먹고 했으면 해서 항상 채워놨어, 먹는 것을. 근데 이제 애기들 없고 하다 보니까. 원래 범수가 떡국 좋아했고, 감자탕 좋아했고, 그리고 생선초밥, 유부초밥 제가 만들어놓으면 [잘 먹었죠]. 어디 백화점 데려가면 지가 알아서 다 먹고. 치킨, 피자는 기본이지. 지금도 아마 떡 그냥 있을 거예요. 그때 당시 만들어놓은 거, 냉동실에 얼려가지고. 떡국도 끓여주면 잘 먹었고. 내가 뭐 자취를 오래 하다 보니까 배워서 한 게 아니라 주먹구구식으로 해가지고, 밥은 먹여가지고 유치원 그런 데 보냈고.

엄마는 토요일 날, 일요일 날 되면 여자들은 욕심이, 맞벌이하는 월급쟁이들이지만 200퍼센트씩 주잖아요. 그런 거 더 받으려고 나가면 쉬는 날은 내 차지예요. 그런 게 사무쳐갖고 더 많이 뛰나 모르겠어요. 엄마는 [리본] 그만 달고 다니고 자꾸 이런 쪽으로 가는데, 마음이 아프니까… 자꾸 나는 한 명이라도 더 내 편으로 만들고 싶어서 막 갖고 다니면서 있으면 떼어서도 주고, 좀 잘못 알고 있는 사람이 있으면, 모임이 있으면 리본도 갖다가 뿌리고 이렇게….

면담자   1차 구술은 여기서 마무리할까 합니다. 어려운 얘기 담담하게 해주셔서 감사드리고, 2차 구술에서는 범수 장례 이후 아버님이 활동하신 부분에 대해서 여쭙겠습니다. 긴 시간 동안 말씀해 주셔서 감사합니다.

범수 아빠 김권식

범수 아빠 그 하나 추가적으로 얘기하면, EBS 다큐[다큐멘터리] 2부작에 거기 가면 범수 유품 일부 찾은 것 소각해 주는 장면이 있어요. 소각장에다가 내가 쌓아준 것도 있고, 지금 못 찾은 게 교복 외투 아래위하고 안경, 그다음에 가방, 샌들, 옆구리 가방에 들어가 있는 이런 건데, 그게 배 안에 과연 있을지 없을지 모르겠고. 찾게 된 이유도 꼭 사면 명찰마냥 체육사 가서 이름을 다 새겨가지고 그렇게 해서 찾아서… 부모 마음이, 불교 쪽에 영향을 받았는지는 몰라도, 그거 찾은 거에다가 내가 못 해준 거를 위에서부터 신발까지 세트로 속옷까지 다 같이 한 번 더 사가지고, 소각장에, 저 공단에 보면 유가족 소각장이라고 이렇게 해줬었어, 공단 환경과, 지금 산단 환경과로 바뀌었죠, 거기 가가지고 태워주면서 눈물도 많이 흘렸고… 제가 좋아하던 거, 이렇게 기본적인 것 이렇게 해놓고 했는데, 마음이 너무 아프더라고. 내 새끼가 아니라, 이게 사람으로서 아, 진짜 생각지도 않은 것 닥쳐버리니까 그게 가장 힘들고.

또 힘든 와중에 우리 주변에서 이렇게 관심 갖고 교수님이라든지 단체라든지 종교계라든지, 학생들, 가족 지원하는 부모들 이렇게 도와주는 게 진짜 감사하고. 거기에 우리보다 더 앞장서서, 힘든데도 또 이렇게 광화문에서 풍천노숙[풍찬노숙]이라 하나, 찬바람에, 지하철 지나가면 쿵쿵쿵쿵 울리는데, 거기서 자봤지만 진짜 힘들더라고, 씻는 것도 그렇고 화장실도 그렇고. 그게 벌써 이제 내일모레면 1000일인데 하여튼 그런 게 너무 감사하고.

뭐 세상 바뀔 거라 믿고, 바뀌어야 되고, 꼭 더 해주고 싶고, '진실은 승리한다' 그게 신조고, 우리가 항상 구호로 외치지만, 이렇게 마음속에 딱 찍혀버렸어. 그래야 나중에 진실 밝혀지고 저거 하면 같이 연대해 주신 분들 감사하게 생각하고, 활동하면서 진 빚, 우리 사랑하는 애기들, 우리 아들도 이제 복지 쪽으로 이렇게 지가 하니까. 엄마도 요양사 자격증, 제약 회사 다니면서 다 따놓고 그래서, 이제 그런 쪽으로 마음은 갖고 있는데, 행동으로 옮겨야죠. 바쁘신데 오랫동안 잡고, 더불어 사는 세상 만들어… 교수님 감사합니다. 고맙습니다.

면담자   고맙습니다.

2회차

2017년 1월 16일

....

1
시작 인사말

면담자 　 본 구술증언은 4·16 사건에 대한 참여자들의 경험과 기억을 기록으로 남김으로써 이후 진상 규명 및 역사 기술에 기여하고자 합니다. 지금부터 김권식 씨의 증언을 시작하겠습니다. 오늘은 2017년 1월 16일이며, 장소는 안산시 단원구 세승빌라입니다. 면담자는 김익한이며, 촬영자는 김솔입니다.

2
근황과 범수 그림 티셔츠

면담자 　 아버님, 오늘 범수 얼굴이 그려진 티셔츠를 입고 나오셨네요.

범수 아빠 　 오늘 처음 입었거든요. 저희 반에 이제 차웅이 어머님이 이렇게 전체를 한 게 아니고, 얘기 들어보니까 한 15분 정도…. 할[만들] 때에 저희가 하는 것도 몰랐는데, 어머님이 나이도 범수 엄마랑 같고 활동도 이렇게 같이하다 보니까…. 종교는 현재 저는 갖고 있지 않지만, 차웅이네 이렇게 일 있을 때, 제가 또 함평이 [차웅이네] 고향인데 거기도 갔다 오고, 뭐 이렇게 친근감도 가고, 자발적으로 저를 생각해서 해주신 건데 전혀 모르고 있다 받으니까 기분이 매우 좋았고…. 이걸 안 입을 수가 없고 그래서 오늘

마침 이렇게 좋은 기회에 한번 입어보고 나왔습니다. 이게 압화라 그래 가지고 이름까지 새겨서 뭐 여러 개 찍은 게 아니고, 이건 하나밖에 없는 거거든요, 이름을 새긴 거는. 이것도 같이해 주셔 가지고 고맙게 생각하고, 또 좋으신 분이니까. 그래 자식들도 아마 잘 저기 해갖고, 차웅이 엄마를 저도 괜히 아빠랑 친근감 있게 잘 지내요, 지금도 맨날.

면담자   제가 잠깐 설명을 드리면, 압화로 만든 목걸이에 범수라고 이름이 쓰여 있습니다.

범수 아빠   예, 하나밖에 없는 거예요.

면담자   지금 아버님 말씀 들으니까 세월호 참사 유가족 분들이 정말 형제처럼 가깝게 지내고, 특히 같은 반 엄마, 아빠들과 굉장히 돈독한 관계인 것 같아요. 아버님 입장에서 볼 때 범수랑 같은 반 엄마, 아빠들이 어떤 존재예요? 앞으로 살아가면서 어떤 관계일 것 같다는 생각이 드십니까?

범수 아빠   이제 부모 마음은 다 똑같겠지만, 자식을 먼저 앞세우다 보니까 뜻하지도 않게 이 참사가 너무 억울한 거예요, 부모로서. 갑자기 이렇게 근무하다가 소식 접했을 때 하늘이 두 조각 나는 식으로 앞이 캄캄했고. 그런 엄마들이 아픔으로 인해서 이렇게 연배나 직업이나 종교가 다 다르지만, 특히 저희 4반 같은 경우 희생자가 28명인데, 부모 마음은 다 똑같지만 너무 아파서 못 나오시는 분 제외하고 보통 한 20명 정도는 지금도 활동을 계속하고 계시

범수 아빠 김권식

고. 또 제가 회사를 다니면서도 짬짬이 시간 내서 가고, 다른 분들은 대외적인 활동이나 뭐 반 대표도 많이 맡아서 했지만, 저는 직장생활을 하다 보니까 부대표를 맡아가지고 내부적인 거 이렇게… 지금 뭐 나이는 많지 않지만, 거의 순영이 아버님 빼놓고는 한 네 분이 나이가 올해로 56, 그래서 우리 반을 어떻게 다 똑같이 이끌고 갈 수 있을까 해서, '우리가 모범을 보이자', 보이지 않게 지금도 그렇게 활동을 계속 지속적으로 하고 있고, 밑에 [나이가 적은] 분들도 우리가 앞에서 이끌고 하다 보니까 좀 잘 따라주시고. 그다음에 벌써 이제 3년이 다가오는데 가족 같은 가족, 그러니까 애기들로 인해 맺어진 게 하나의 계기가 돼서, 더 이렇게 친근감 있고, 눈으로 몸으로 느낄 수 있게… 이렇게 가족 같은 기분을 항상 갖고 있고.

면담자   저희가 유가족 분들을 4·16 유가족 공동체라고 불러요. 아버님 생각에 특히 4반 엄마, 아빠들하고는 언제까지 만날 것 같아요?

범수 아빠   그거 뭐 어차피 애기들이 맺어준 인연이라 힘닿는 데까지는 계속하고 싶고, 언제가 될지는 잘 모르겠는데 우리 가족들의 힘만으로는 지금 힘든 건 알지만, 그래도 주위에서 이렇게 힘써주시는 단체라든지, 뭐 학생, 종교 단체, 또 활동하다 보니까 각 지역에서 저희 아픔을 함께해 주시는 분들이 많기 때문에, 목숨 다할 때까지는 하고 싶어요. 그렇게 해야 되고 또 자라나는 우리 애기들, 젊은 층들이 진짜 안전하게 잘 성장해서 나라의 보배가 될 수 있도록, 미력하나마 조금 이렇게 계속 활동하려고요.

면담자　　　범수 얼굴이 있는 티셔츠를 입으면 범수가 같이 있는 건데, 느낌이 어떠세요?

범수 아빠　　　제가 사실 보면, 범수가 핸드폰하고 집에서 준 용돈이, 나머지 집에다 놓고 갔고, 지갑을 안 가져가고 한 5만 원 정도 가져간 것 같더라고요. 그중에서 이제 옆구리 가방이라고 거기다 넣고, 만 원을 갖고 쓰고 한 7000원인가 얼마를, 진도에서 이렇게 확인할 적에 보니까, 구명조끼 입고 그 가슴에다가 핸드폰하고 돈 쓰다 남은 걸 올려놓고. 거기서 많이 울었고, 그게 항상 사무쳐서 핸드폰을 LG서비스센터에 복원하려고 갔더니, 바다에 오래 있다 보니까 염분 때문에 부식돼서 안 된다 그러더라고. 그 당시에 모 대학교 교수님이 포렌식이라는 기법으로 해서 그걸 복원을 성공시켰거든요. 그때 범수가 전화 통화도 했지만, 엄마, 아빠한테 보내려고 마지막 셀카를 찍은 걸 거기서 찾았어요.

　　그래서 제가 지금도 지갑에 항상 넣고 다니고 있었는데, 그 또 계기로 인해서 어머니가 김×× 선생님이신가, 이렇게 애기들 그림을 그려가지고 티셔츠를 이렇게 해서 입고 다니니까, 어떻게 보면 같이 동고동락? 저도 지금 여기 가방에 보면 학생증에 사진 있는 건 항상 어디 가면 차에 가면 싣고, 들고 다닐 때 항상 지참하고, 사진도 항상 지갑에 넣고 다니고… 집에서도 마찬가지지만 아침저녁에 있을 때는 꼭 문 한 번씩 열어보고, 그 체취를 느끼고… 다 부모 마음 똑같겠지만, 조금 짬나거나 뭐 하면 애기가 있던, 머물렀던 데 주변이나 하늘공원, 교실 같은 데 잠깐이라도 한 번씩 이렇게, 부모와 자식 간에 떼려야 뗄 수 없는 그 살아온 정 이런 거….

면담자　　범수가 아버님이 하시는 것처럼 함께 있다고 느낄 때가 편하십니까, 범수를 좀 잊어버렸을 때가 편하십니까?

범수 아빠　　남들은 꿈에서도 많이 왔다 갔다 한다 그러는데, 범수는 아직 제 꿈에 나와서 이렇게 꿔보질 않았지만, 두 가지를 생각해요. 범수가 이제 아빠가 결혼 전에 이렇게 산업재해나 사고로 해서 다리 오른쪽을 잘 못 쓰고, 엄마도 범수 낳을 때쯤에 지금 뭐라 그러나, 신장이나 간 이쪽에 다낭성 용종으로 치료를 받고 계속 이렇게 관찰하면서 고대 신장내과에 주기적으로 다니면서, 그런 걸 알기 때문에 키우면서도 남들처럼 같이 공놀이나 크게 물놀이나 같이 다녀본 적이 별로 없고, 가더라도 옆에서 그냥… 그런 게 항상 마음에 걸리고.

또 키우면서 맞벌이하다 보니까 쉬는 날 같은 경우, 제가 이렇게 자취생활을 좀 오래 하다 보니까 음식은 잘 못해도 몇 가지는 이렇게 찌개도 끓여가지고 밥 먹이고, 그런 게 항상 좋았던 적도 있지만, 내가 못 해주니까 한쪽으로는 또 아쉬움도 많이 남고….

한참 재롱 피우고 형하고 나이 차이가 5살 나다 보니까, 항상 뭐 내리사랑이라고 하잖아요. 속 안 썩이고 잘 커주니까 기쁘기도 하고… 이 동네에서 결혼해서 지금까지 살고 있지만, 이제 이 주변에도 다 애기들 체취가 느껴지기 때문에 안산은 특별한 경우 아니고는 아직까지는 떠나갈 생각을 해본 적이 없어요.

면담자   잘 모르는 분들이 "이제는 아이를 잊고 예전의 일상으로 돌아가야 하지 않나" 얘기하시는데, 오늘 아버님 말씀을 들어 보니 틀린 이야기 같아요. 범수가 지금은 없지만 아버님과 아주 강하게 연결돼 있고, 범수가 쓰던 물건이나 오늘 입으신 티셔츠나 아버님 머릿속에 범수에 대한 생각이 꽉 차서, 범수와 함께하는 일상을 만들어가는 깃이 자연스럽다는 생각이 듭니다. 오늘 입고 오신 티셔츠를 보고 본래 2차 구술에서 하고자 한 질문과 다른 이야기를 좀 나눴습니다. 공통 질문에 있는 몇 가지를 처음부터 다시 여쭤볼게요. 아버님, 지난번에 구술하고 힘들지 않았어요?

범수 아빠   제가 구술할 수 있었던 계기도 그 활동을 하면서 간담회나 서명[운동], 피케팅 이렇게 많이 다니다 보니까, 어차피 안고 있으면 더 화가 나니까, 이렇게 발설을 하든지 광장에서 소리 지르고 구호도 외치면서 속에 있는 그 한이라든지 그런 게, 함성이라든지 하는 거기에 많이 표출된다고나 할까….

그런 걸 이렇게 하다 보니까 당시에는 마음이 아파도 하고 나면 부모니까 뭐 마음이 아픈 건 당연한 거지만, 또 이걸로 인해서 속에다 쌓아놓으면 병이 더 커질 이런 걸 얘기해 줌으로써, 다음에 제2, 제3의 사고가 안 나리란 법이 또 없으니까…. 하여튼 이런 게 그동안 있었으면 우리도 그런 걸 본받아서 [뭐든 했을 텐데], 요즘 말로 하면 매뉴얼이라는 게 참 중요한 것 같아서, 후대에 이런 일을 겪으실 분은, 안 겪었으면 좋겠지만, 어차피 누군가는 해야 될 일 같고, 또 어려운 자리인 건 알지만 좋은 본보기가 되었으면 해서 이렇게 구술을 하게 됐어요.

3
장례 이후

면담자　　　예, 장례 마치고 직장은 어떻게 하셨습니까?

범수 아빠　　저희가 진도에서 목포를 거쳐서 안산에 이렇게 올라와 가지고, 그때 당시만 해도 애기들이 한참 많이 올라올 때라 장례식장이 안산에는 없었고, 찾던 중에 같은 반 수현이랑 올라왔는데, 알아보니까 시흥시 시화장례식장에서 [장례를 치를 수 있어서] 이렇게 같이 장례 치르고.

그때까지만 해도 다시는 이런 일, 뭐 부모님 돌아가셨으면 조금 저기 할 텐데 애기가 그러다 보니까, 안산에서 뭐 이렇게 같이 공동으로 한다는 생각은 전혀 못 했었고. 제일 먼저 아버지 이제 대전에 계시니까, 저는 개인적으로 장례를 치른다고 아버지한테 여쭙고 좀 상담도 하고 이렇게 하다 보니까, 안산[에서 장례를 치르는 것]으로 부모님들 여론이 이렇게 돼서 [안산으로] 데리고 와서…. 회사에 회장님께서 직원도 한두 명을 고정 배치해서 끝날 때까지 이렇게 해주시고, 저희 사장님이 개인 승용차, 올 때 애기 수원연화장에서부터 장례식장, 거기[연화장에] 다시 갈 때까지 이렇게 내주서 가지고 갔다가 데리고 하늘공원에 이렇게 했고.

그 후로 안산에 올림픽기념관이라고 학교 근처에 거기다가 영정 사진 이렇게 놓고, 이틀인가 후에 다시 또 지금 정부합동분향소 화랑유원지로 옮기라고 그래 가지고… 마음도 아프더라도, 다시 또 엄마도 마음이 아파서 누워 있는 사람 이렇게 데리고, 형은 학교 때문에 내려가서 대전에서 다니고, 둘이 가서 했는데, 이제 마침 택시 이렇게 안산에서 자발적으로 했는지 뭐 했는지 모르지만, 애기들 사진 한 명 한 명 거의 다 가져가고, 밑에 이렇게 띄엄띄엄 안 옮긴 사람 있더라고, 좀 늦게 가가지고.

그래서 이렇게 애기 사진 안고 분향소 지금 현재 위치로 갖다 옮겨놓고, 그게 지금 와서 2017년이니까 4월 달이면 3년인데, 우리 애기들도 이제 거기다 놔두고, 자리가 거의 옛날로 치면 애들 놀던 데고, 야외극장도 있었고, 시민들 휴식 공간이 주차장인데, 합동 영결식도 못 하고….

미수습자 아홉 분도 다 안 오셨기 때문에 그분들도 마음이 우리보다 더 아프겠지만. 같이 이렇게 다 애기들이 오면 선생님들하고 같이해 주려고 해요. 좀 힘들지만 기약 없는 날짜 기다림을 이렇게 당직도 서가면서 짬짬이, 일 있으면 피케팅 잠깐잠깐 나가서 지내고 있습니다.

면담자　　　안산올림픽기념관에 처음 분향소가 만들어졌을 때 몇 명 정도 있었어요?

범수 아빠   안산올림픽기념관으로, 아마 처음에는 범수가 121
번이니까, 뭐 거의 애기들 절반 정도 있었다고, 250[명] 기준으로 했
을 때.

면담자   안산올림픽체육관에서 영정 사진을 현재 정부합동
분향소 미술관 앞으로 이동할 때, 아까 택시 말씀하셨는데, 그 얘
기를 좀 더 구체적으로 해주시면 좋겠습니다.

범수 아빠   아마 자원봉사를 하셨는지… 그 앞에 거리는 가깝지
만, 일단은 뭐 영정 사진 들고 운전을 할 수가 없었기 때문에, 가족
들 한 분 한 분 영정 사진 들으면 이렇게 택시를 타고 한 가족씩 옮
겨서, 제가 알기로는 자원봉사 나오신 걸로.

면담자   유가족이 영정 사진을 들고 나오면 택시가 쭉 서서
대기하고 있었나 보네요?

범수 아빠   아마 나중에 알기로는 끝에 부모님들 마음 아파서
못 나오신 분들은 일반 시민 자원봉사자들이 같이 영정 사진 이렇
게 지금 정부합동분향소로 마지막까지 옮겨놓고, 그다음에 애기들
저거 뭐야, 화장하면 영정 사진을 이렇게 그쪽에서 바로 올 수 있
게 만든 겁니다. 그렇게 받았고….

4

범수 휴대폰 발견과 복원

면담자　　　아까 범수 휴대전화 내용을 복원하기 위해서 디지털 포렌식 작업을 했다고 말씀하셨어요. 범수 휴대전화는 언제 찾았습니까?

범수 아빠　　　범수랑 같이 나왔어요, 핸드폰. 주머니에 넣고 있었나 봐요. 범수가 4월 16일 날 9시 16분에 전화 와갖고 내가 회사에서 통화하고 17분에 끊어졌는데, "아빠 살아서 갈게" 그게 마지막 [말]이었어요. 걱정하지 말라는 뜻이었는데 지 뜻은, 그 뒤에 말을 못 하고 전화가 바로 끊어졌으니까. 스페어[여분] 공간, 그런 쪽에 같이 애기들 다 집합시켜서 있었는지는 모르겠는데, 하여튼 나오라고 말만 했어도….

그때 동거차도도 가봤지만 1.4킬로미터 지점이니까, 바로 밑에는 미역 양식장 로프 이런 것도 보이고, 시치로폼[스티로폼] 이렇게 떠 있는 것도 보이고, 주변에서 진짜 통제라도 안 했으면, 고깃배라도 그 주변에 다 연락하면, 인근에 섬들도 많지만, 섬마다 배 갖고 있는 집, 웬만하면 그 동네 살면 거의 다 있더라고 보니까, 고깃배가. 그럼 '지금처럼 저렇게 하나도 못 구하고 저 정도는 아니었을 거다' 생각하는 게 가장 저거 하고.

또 제가 이렇게 산업재해로 다치다 보니까 회사에서 주로 한 것도 위험물 안전, 소방 안전, 환경 보건 안전 쪽을 내가 나오기 전까지도 맡아서 했었고. 그래서 애기가 동아체육관에 다녔어요, 영석이도 마찬가지고. 옆에 입구 나가다 보면 바로 코너에 있는 □□학원에 다니고, 형이 대여섯 살 차이다 보니까, 엄마, 아빠 맞벌이하고 형도 동아체육관 다녔고, 이제 원장님도 알고 다 이렇게 하니까. 체험 학습이나 여름에 야외에 가고 바람 쐬러 갈 때, 형이 가면 동생 따라 붙이고, 동생 갈 때 형 따라 붙여가면서 체험 뭐 이런 거, 소방 같은 거, 실제 어디 안전 센터 같은 데 가서 다 교육도 받았고.

항상 내가 입버릇처럼 하는 게, 주위에서 이런 것도 봤고 느꼈기 때문에, 비 오면 전봇대 근처 물 고인 데 가지 말고, 바람 많이 불 때 간판도 떨어지니까 조심해서 다니고. 안전에 대해서는 애들한테 항상 "지하실 같은 데 될 수 있으면 가지 마라". 엄마가 또 회사 다니다 간판 떨어진 거 맞아서 큰일 날 뻔했었거든. 거기 또 화랑유원지에서 놀다가 경비행기 추락할 때 엄마 옆으로 이렇게 떨어져 가지고, 행글라이더 같은 거, 다칠 뻔도 하고 이런 게 있다 보니까, 사고라는 게 갑자기 돌발적으로 떨어질 수도 [있고] 그런 거니까.

또 우리가 아프다 보니까, 애기 때부터 아프거나 하면 치아부터 해가지고 항상 이렇게… 여기 □□치과 집 앞에 있지만 여기를 애기 때부터 계속 다녔어요. 여기서 치아 다 손봐주고 애기들까지. 가기 전까지도 사랑니가 이렇게 나야 하는데 이렇게 나가지고, 다 수술해서 깨가지고 하나하나 해줬고. 이 교정하는데 초등학교 때부터 계속 교정 상태였거든. 마우스까지 물고 있었는데, 갈 때 또 빼놓고 갔었어요, 좀 답답하잖아요. 조금 저거 하면 틀어주고 아프면 진통제 먹으라고 하나씩 주고. 엄마가 이모랑 여기서 맨날 치울 때는 나 보면 마음 아프니까 첫째가 와가지고 치우면서 눈물 많이 흘렸어요. 거의 많이 버렸어요, 보면 자꾸 생각나니까. 나 이렇게 회사 지방으로·한 3개월 가서 알려주고 그만둘 때까지, 없을 때 또 많이 버렸어요.

자꾸 엄마 쪽에서는 두 가지 생각을 하는 거야. 집에 아파서 계속 있다 보니까, 보면 자꾸 열불 나는, 생각 안 할 수 있는 약 먹고 취하다 보니까 조금씩 좋아지는데, 한꺼번에 좋아지는 게 아니라고 하더라고요. 특히 모성애라는 건 더 저거 해가지고. 나는 연필 하나하나 저렇게 박스에다가 사무용품 다 사다 놓고 했었더니, 어느 날 지방 공장 갔다 오니까 다 버렸더라고, 보면 생각나거든. 지금 우리가 하는 게 기록이고 구술로 잊지 않을려고 하는 건데, 그 두 가지 이면이. 이렇게 안 보면 생각이 덜 나니까 조금 더한 사람도 있는 거고, 이거 애기가 쓰던 거니까 마음 아프지만.

이런 걸로 해서 또 다른 사람들도 매뉴얼이나 본보기로 봐서 좋은 쪽으로 생각하[게 되면 더 기억해서 제2, 제3의 사고[를] 막을 수 있고. 지금 몇 개는 남아 있죠. 그런데 아직까지는 앨범 사진은 열어볼 수가 없어서, 지금 집에 가면 애기 영정 사진부터 관련된 거는 전부 다 이렇게 서류 봉투 아니면 보자기로 싸서 놓고. 지가 또 중학교 때부터 이렇게 뭐라 그러나… 만들기, 종이접기 이런 거 해서, 단원고 제과 제빵 동아리까지 할 때 만들어놓은 거, 거울 같은 것 보면 '사랑해' 이렇게 해가지고, 특기 적성 취미로 했으니까 그런 게 지금도 남아서 걸어놨는데. 인형 뽑기나 뭐 해서 이렇게 놨던 거, 어떤 거는 엄마의 기분에 따라서 좌지우지하니까, 통제를 못 하겠더라고요. 아직까지는 둘이 애기 생각하는 게 약간 반대 성향도 좀 있어요.

면담자   오늘 2차 구술 앞부분에 아이와 함께 앞으로 일상을 만들어가는 것이 대단히 중요하다고 말씀드렸는데, 지금 아버님 께서 아이를 기억하는 것의 양면성에 대해서 절절히 말씀해 주셨 습니다. 아이가 떠오르는 물건을 어떻게 할까 하는 문제는 유가족 모두 마음의 정리를 잘 하셔야 할 대목인 것 같고요. 그 물건 중 하 나인 범수 휴대전화 애기를 조금 더 했으면 합니다. 휴대전화가 범수와 함께 올라왔고, 장례를 마친 뒤에 LG서비스센터로 가져가 셨어요?

범수 아빠   갔는데 복원이 안 된다고 하더라고요. 근데 누가 시 킨 것도 아니고 갑자기, 제가 상고 나왔지만 3학년 때 담임선생님 이 화학을 전공했어요. 언뜻 생각하기에 "아, 이거 분명 부식됐을 텐데". 거기서도 보니까 이미 "부식이 진행돼서 안 된다"고 하더라 고. "그럼 세척은 해줄 수 있냐"고 [했더니] 가능하대, 30분 정도 걸 린다고. 아마 다 뜯어놓고 어디다 담가두는 것 같더라고. 그렇게 하고 그때 당시만 해도 애기 유품이잖아요, 그래서 갖고 있었어요, 깨끗하게 세척한 상태로.

복원 안 되는 줄만 알고 있는데, 그때 포렌식으로 해갖고 한양대학교 컴퓨터공학과 지금 또 갑자기 기억이 잘 안 나는데[김인성 교수], 우리 반에 반 대표 하시는 분이 "웬만하면 포렌식으로 복원이 될 수도 있으니까 갖고 와보라"고 하더라고. 그래 가지고 갖다가 줬는데, 한참 후에 USB에 저장을 해가지고, 있는 것도 있고 조금씩 너무 상한 데는 지워졌고 막 이렇게 해서 나왔어요, 현상이. 그래서 그거를 해체된 상태··· 뭐 하여튼 그대로 해서 지퍼 팩에다가 넣어서 서류 봉투에 넣어놓고 USB랑 같이. 근데 그 내용이 뭐가 있는지 차마 PC에다 넣고 열어볼 수가 없더라고요.

그중에 인제 인천항에서 배 탈 때 7반인가 8반인 것 같은데, [7반] 박현섭이라고 친구 사진 찍어놓은 게 하나 있어서 그쪽 부모님한테 건네주고, 애기 마지막 사진 고맙게 받고 하여튼 지금도 이렇게 보면 인사하고. 또 마지막에 범수 거 셀카로 구명조끼 입은 거. 지가 찍은 거 중에 맨 마지막에 있었어. 그거 온마음센터의 간호사님이 우리 집에 왔을 때, 그것도 제가 못하고, 집에 가서 이렇게 해가지고 A4 용지만 하게 사진관에서 뺀 게 아니에요. 크게 몇 개, 이렇게 갖고 다닐 수 있게 조그마하게 해줬어요. 지금도 수첩에 갖고 다니는데, 이게 마지막 사진이에요.

면담자 제가 볼 수 있을까요?

범수 아빠 잠깐 패딩 잠바 좀 줘봐요. 거기에 지갑 있어요. 요건 마지막으로 못 보낸 거예요. 배 안에서 구명조끼 입고 찍은 사진. 그리고 이건 광화문에서 퍼포먼스 할 때… 여기다가 애기 이렇게 이름까지 써놓고 핀으로 꽂아서 퍼포먼스로 행진할 때 같이. 사진관에서 뺀 게 아니고 간호사님이 집에서 이렇게 해주신 거예요, 심리 치료해 주시는 분이.

이게 SP라는 게 배에서 뭔지는 모르겠는데, SP1, 2 휴게실 뭐 비슷한 건데, 4층에 B4번 방에 있었는데, 이런 거 보면 애들이 방에서는 안 있고 아마 어디 한쪽으로 나와서 대기한 거 같애. 이게 마지막 사진. 그걸 미처 아빠한테 이게 뭐라 그럴까, 문자메시지 보내는, 사진 이렇게 못 보내고, 이거를 복원하면서 찾은 거예요, 마지막 사진.

면담자　디지털 포렌식 하는 것은 4반 대표 아버님이 얘기해 주셨고….

범수 아빠　지금은 이쪽에 미술관 광장 여기서 했지만, 그때 당시 와스타디움에 사무실 있어서, 이쪽에 있을 적에, 한참 초창기에 혹시 갖고 있는 사람들 있으면 이렇게 하라 그랬어요.

면담자　그러면 와스타디움에 있는 초기 사무실에 휴대전화를 갖다주셨네요?

범수 아빠　핸드폰을 이제 갖고 오라고 해서 그대로 갔다가 다 해체해서 보니까, 한 6일 정도 바닷물 속에 있다 보니까 막 이렇게 부식 같은 거 [된] 상태. 우리가 보기에도 매우 힘들다 싶은데, 거기서 유심 칩인지 뭔지 그게 제일 중요한 거더라고. 세척 잘 해서 그나마 범수가 썼던 핸드폰에 있던 거는, 그렇게 있는 거는 저장을 해서 USB에 이렇게… 다 확인은 못 했어요. 지금도 볼 수가 없어 갖고. 그냥 갖고만….

면담자   아버님이 휴대전화를 누구한테 갖다주셨습니까?

범수 아빠   아, 한정무 아버지, 그때 당시에 4반 대표 하셨어요. 임원 회의나 반을 통해서, 개인적으로 주는 게 아니고 반으로 모아서 이렇게….

5
초기 유가족 활동

면담자   초창기에는 와스타디움 사무실에 몇 번이나 가보셨어요?

범수 아빠   그때 당시에는 거의 뭐 안 빠지고 간 것 같은데, 있을 때.

면담자   와스타디움 사무실에서 임원 선출한 장면도 혹시 기억나십니까?

범수 아빠   무슨 임원은, 아마 그때 당시에는, 하고 싶은 사람, 좀 저거 한 사람들 이렇게 뭐 추천보다는 자발적으로 활동했던 것 같아요. 그때 당시는 아직 사람들도 잘 모르고 가족이 누가 누군지도 모르겠고, 유가족 중에도 보면 직계도 아니고 삼촌들도 막 끼고 하다 보니까 여론이 좀 이상하게 가서, 가족들 아니면 그 후로는 배제시켜버리고 가족 위주로. 그래서 대책위 임원이 되는 사람은 아마 최소 단위가 반 대표 부대표이고, 소단위에서 이렇게 움직여 주고, 대외적으로 지금처럼 뭐 인양분과라든지 심리생계분과라든 지 대외협력분과라든지 사무처분과 이렇게, 그 조직에서 또 외부로 뛰시는 분들이 거기 부수적으로 [4·16]기억저장소라든지 온마음 센터, 민간인들 하시는 [치유 공간] '이웃' 뭐 이런 데도 있고….

면담자   처음 대책위원회 때 위원장이 있었을 텐데, 누구인지 기억나십니까?

범수 아빠   그때 당시에 우리는 1기라고 그러는데, 지금 빛나라 애기 아빠 이름이 잘 기억이 안 나고, 김형기 씨, 또 총무부는 4반 오천이 형, 이렇게 해서 여러 사람이 활동하다가, 또 그때 당시 뭐가 있었냐면 대리 기사 뭐 이렇게 해서 김현 의원하고 같이 저녁 먹다 술 한잔씩 하고, 폭행 뭐 이런 거에 연루돼 가지고 한참 시끄러웠잖아요. 그때 당시 임원들이 아마 전부 우리는 교체, 물갈이 이렇게 해서 활동을 못 하고, 다시 2기로 해서 현재 진행하고. 중간중간에 이렇게 또 빠지고 뭐 하면 총회 같은 거 한 번씩 해서 보완해서 현재까지….

면담자   대리 기사 폭행 사건은 어떻게 보셨어요?

범수 아빠   사람이다 보면 있을 수도 있고 없을 수도 있다고 보는데, 이렇게 직계 같은 저희 집안 같은 경우도 부부간에, 형제간에도 조금 이렇게 술을 먹다 보면 무슨 일로 인해서 언성 높아지면서 말싸움도 하고, 친구 간에도 술 먹다 보면 분명히 무슨 이유라도 이렇게 언성도 높아지고 싸울 수도 있는데…. 엄마, 아빠들이 그때 애기 저렇게 되다 보니까 아마 충격도 그렇고 심리 상태가 매우 불안했을 거예요. 이게 내재적인 울분이나 화가 어느 순간에, 술 먹다 보면 이성을 잠시 잃을 때, 본의 아니게, 고의적으로 뭐 하는 사람은 없겠지만. 그래서 그거를 방송에서 이렇게 한 번 정도 비춰주면 그냥 뭐 그럴 수 있구나 하게 되는데, 유가족 전체를 싸잡아서 대대적으로 막, 쉽게 말하면 무마할려고 하면 업[확대]시켜 가지고 크게 와전시킨 거는 '이게 뭐가 있구나'. 하여튼 미행을 했든지 아니면 정치와 연루해서 우리 유가족들 여론화시켜서… 저는 후자로 생각[해요].

면담자　　1기 집행부가 초기에 활동한 것 관련해서 조금 여쭐게요. 김병권 위원장 등이 처음 움직인 게 KBS 항의 방문입니다. 혹시 그때를 기억하시는지요?

범수 아빠　　일단은 방송에서 아마 그게 김시곤 씨인가 그분, 하여튼 뭐 쉽게 말하면 KBS라는 게 공영방송이잖아요? 나머지는 민간인들이 하는 거고, 이게 지금 언론에서까지 아마 이렇게 왜곡 보도나 아니면 유가족에 대해서 막 저거 해가지고, 공정성을… 아마 위에 지시를 받았겠지, 뭐 이렇게 유가족에 대한 그 발언을 해가지고 KBS 앞에서 시위도 하고 기자회견도 하고 이렇게 한 거예요.

면담자　　　그다음에 2014년 5월부터 진상 규명을 하라고 국정 조사 요구를 했어요. 국회에서 2박 3일 정도 농성에 들어갔고요. 그때 아버님도 참여하셨나요?

범수 아빠　　　국회에는 처음에는 제가 못 갔고요. 나중에는 반별로 국회에 가서 이렇게 주무시면서 농성도 하고 거기서 엄마들, 아버지들 단식까지도 하고 한참 동안 했어요. 저희 반 같은 경우는 기억나는 게 저기, 슬라바라고 러시아 엄만데, 열흘 정도 한 거로 알고 있고. 그때까지도 잘 안 돼서 길게 찾아다녔고, 국회 농성할 때 저희 반 같은 경우는 청운동으로, 성호 아빠라고 그분이 반 대표 할 적에 저희는 "전초기지가 청와대다", 가장 가까이 갈 수 있는 게 청운동 동사무소[주민센터]였거든요. 그래서 광화문에 가면 저희 4반 같은 경우는 무조건 청운동으로 갔어요. 국회 쪽에 초창기에 좀 가다가 청운동에서 천막 쳐놓고 막 그렇게 했었는데, 시작이 4반이었어요, 청운동 동사무소 요 자리가.

면담자　　　그때 아버님은 직장에 다녔기 때문에 퇴근한 뒤나 주말에 가셨나요?

범수 아빠　　　예, 중간에 이제 잠깐 휴가도 한 번씩 쓰고, 진짜 가야 될 때는. 그렇게 하다 보니까 이제 지방으로 서명받으러 많이 다녔거든요. 반별로 이렇게 반 대표가 추첨하다 보면 지역이 걸리는데, 그 인근을 돌아서 1박 2일 정도로 시간을 두고 계속 다니고.

우리는 주로 부산, 울산, 순천, 경주 쪽으로 해서 많이… 반 대표가 심지[제비] 잘 뽑은 사람들은 가까운 데 걸리고, 우리 반은(한숨) 불행인지 다행인지 하여튼 저쪽 밑에 먼 거리를 많이 다녔어요.

면담자   아버님이 직접 다니신 곳은 어디예요?

범수 아빠   웬만한 데는 같이, 이렇게 몇 군데 빼고는 다 갔죠.

면담자   기억에 남는 지방이 있을까요?

범수 아빠   부산, 울산 쪽에 많이 내려갔고, 경주….

면담자   내려가면 주로 뭘 하셨습니까?

범수 아빠   저희는 이제 피켓 들고 "이런 일로 해서 서명 좀 해 주십시오" 이렇게 엄마들하고 같이 가다 보니까, 부산에도 가면 한 군데만 있는 게 아니라 그쪽의 지역 연대해서 두세 군데 나눠서 같이 활동하고, 끝나면 간담회도 하고. 울산 같은 데는 현대중공업 게이트 문이 1번부터 5번까지인데, 금속노조와 같이해서 그 안에 가서 리본도 조금씩 나눠주고, 전단지도 주고 서명도 받고, 노조 사무실 같은 데 가서 간담회도 하고, 상황이나 좀 심정 같은 거 이렇게 이야기하고….

면담자   피케팅이나 지나가는 사람에게 서명해 달라고 요구하거나 구호를 외치는 것 등이 그때 처음이었을 텐데요.

범수 아빠   처음에는 말이 잘 안 나오거든요, 이게. 다른 부모님들도 다 마찬가지였지만, 근데 어느 순간 몇 번씩 하다 보면 앞에 나가서 말도 못 하고 이렇게 했는데. 저는 불행 중 다행히도 군대 생활 할 때 저기 논산에서 훈련받고 '육하교'라고 해서 육군하사관학교, 지금 육군부사관학교…. 그때 당시는 논산 바로 옆에 연산이 있었는데 익산시로 승격이 되다 보니까 지금은 익산시 부사관학교인데, 거기에서 교육받고 일반하사로 제대하다 보니까, 주로 군대에서는 이제 말단 분대장, 내무반장 이렇게 하다 보니까. 앞에 서서 처음에는 얘기하는 게 조금 쑥스럽고 그러다가 어느 정도 하다 보니까 떨거나 이런 건 없어지고. 말이[을] 안 해본 사람들 남 앞에서 말하려고 하면 울음부터 나오고, 얘기들 생각하면 말이 잘 안 나오거든. 그런데 그런 걸 많이 훈련으로 겪었던 게 몸에도 뱄고, 그렇게 활동하다 보니까 '그래도 해야지', '힘들어도 나가자, 집에 있으면 더 열불 나니까' [그러면서 하게 된 거죠].

지금 안산에서도 매주 금요일 날 6시부터 8시까지 세 군데서 하고 있는데, 저쪽에 동명상가 앞에서 하고, 중앙동 중앙역 앞에, 상록수역. 간담회는 주로 지역별로 하다 보니까 멀리까지는 못 갔고, 동명상가 그쪽에는 지금도 가끔 가지만, 초창기에는 거의 금요일에는 맨날 피켓 들고 2시간씩.

면담자   참사 나고 초기에 정치적으로 연루되지 말라는 내부 규율이랄까, 그런 게 좀 있었죠?

범수 아빠   그게 거의 250가족 이상 되다 보니까 그 말이 나오긴 나왔었거든요. 여당도 아니고 야당도 아니고, 가족들이 정치에 연루되거나 한쪽으로 쏠리면 그 단계가 아니기 때문에, 그 당시에만 해도 '우리는 중립을 지켜서 가자'. 왜 그러냐 하면 거기에 뭐 종교도 불교, 기독교, 원불교… 많이 이렇게 단체에서 도와주시는 분들도 있었고, 또 정치하는 분들도 일단은 그때 당시만 해도 이게 정치 성향을 띠면 조금 가족들이 뭐 이렇게, 시민들이 보는 저기가[시선이] 안 좋았기 때문에 '중립성을 지키자' 이렇게 해서 갔었고, 지금은 조금 느끼는 게 달라서 아마 개개인이 성향이 좀 나타나지만 그때 당시엔 중립, 그렇게 한 거예요.

면담자   아버님은 현재 그 부분을 어떻게 생각하십니까?

범수 아빠   그건 뭐 옛날에도 그랬지만, 일단 개인 성향이지만 아직까지는… 그때 당시도 그랬지만, 야당 이렇게 해서 변함이 없는 것 같아요.

면담자   세월호 참사와 관련된 여러 가지 과제가 있죠. 그런 문제를 풀어가는 데 정치적 입장이 개입되지 않을 수 있다고, 중립적이라고 말씀하셨는데, 계속 그렇게 생각하시는지 어떤 변화가 있는지 궁금합니다.

범수 아빠   초창기에는 가족들이 정치에 뭐 관여가 안 되니까 중립으로 갔다가, 이렇게 지금 여당에 뭐 청와대서부터 집권당이 하는 현실이 너무 아니다 생각해서, 이제 좀 야당 편으로 많이 저거 했지만, 저는 그때 당시에도 중립은 아니었고 야당 편으로, 많이 활동은 안 했지만 그런 성향을 갖고 있었죠. 특히 집사람도 고향이 전주 옆의 완주군이고 저는 대전이지만, 옛날에 이렇게 보면 꼭 지역을 떠나서라기보다 직장생활을 오래 하다 보니까, 기업주들이 이렇게 여당으로 너무 치우쳐서 활동을….

면담자　당시에 정말 쉽지 않았지만, 유가족들이 특별법 제정을 요구하는 싸움을 하고 있었습니다. 그런데 특별법을 제정하는 것하고 대통령은 직접적인 연관이 없죠, 특별법 제정은 국회의 역할이니까. 특히 4반은 '청운동으로 가자', '대통령에게 특별법을 제정하도록 요구하자' 이런 입장일 수 있거든요. 그때 대통령이 어떤 문제를 어떻게 해결할 수 있다고 보셨는지 여쭙고 싶습니다.

범수 아빠　그러니까 지금 성호 아빠가 고향이 부산인데, 최근에 제가 알았지만, 제가 아는 회사의 해외 지사에 근무를 해서, 저는 비철금속 하다 보니까, 성호 아빠가 다니는 회사가 비철금속의 용해제, 쉽게 말하면 금속을 용탕에서 녹이려면 불순물 제거하고 쓰는 약품, 그다음에 흑연, 숯이라고 그러는데, 일반 주물 숯이 있는가 하면 실리콘[카바이드] SiC 도가니로 열전도 되게 용탕에서 견딜 수 있는 마개인데, 이렇게 하다 보니까 성호 아빠가 이제 나중에 얘기하더라고. 내가 이쪽으로 너무 많이 알고 거래하고 있으니까….

지금 □□공장이 반월공단에 있다가 그 사무실이[을] 지금 경기테크노파크가 이제 본사 사무실로 쓰고, 여기를 매각하면서 이제 순천으로 이사 갔어요. 그래서 성호가 단원고 다니면서 이사 다니게 된 동기도, 순천으로 갔고, 거기서 얼마 안 있어서 아빠가 말레이시아 공장에 파견, 아니 그쪽으로 발령받아서 말레이시아 있을 때 이제 사고가 났었거든. 그렇게 하고 있을 때 성호네가, 본사가 여기 있으니까 다시 안산으로 오다 보니까, 1년이 안 되면 다니던 학교로 다시 배정을 해주나 봐요, 교육청에서. 다른 학교 안 가고 단원고로 온 거죠.

그 순천에 매향고등학교인가 거기서는 이미 수학여행 제주도 갔다 왔어. 여기 오니까 이 친구들은 안 가고. 그러니까 갔다 왔지만 여기 와서 옛날 1학년 때 같이 살던 친구들이니까, 다시 가서 또 이런 일을 겪고…. 애기를 많이 못 봤는데 외동아들이잖아요. 외국에서 있다가, 우리는 바로 내려갈 수 있지만, 거기서 소식 듣고 며칠 걸려서 오다 보니까 얼마나 하나 키우면서 저거 했겠어요.

새끼들 다 이쁘지만 하나밖에 없는 애기를 그렇게 해버렸으니까. 그래서 그때 당시에 반 대표도 하고, 4반은 "전초기지를 때려 부수자" 말 그대로 청와대도 못 들어가고 1인 시위밖에 안 해주고 그럴 때, 우리는 청와대 있으면서 그 안에 들어가서 피켓 들고, 한 명밖에 못 들어가게 하니까, 1인 시위만 인정해 주니까. 거기서부터는 강성으로 나오고 시위할 때 앞에서 많이 하고, 성호 아빠가 활동 초창기에 많이 했는데, 지금은 몸이 너무 아파 가지고 잘 못 나와요. 병명도 안 나온대요. 그래서 어떻게 보면 대학교 전공까진 안 물어봤지만….

국회에서 이렇게 하는 게 맞지만, 이거는 분명히 대통령이 구조 방기라고 할까, 할 수 있는 걸, 그때 당시에도 유가족들은 다 눈치채고 있었어요. 누가 봐도 이렇게 방송 오보를 몇 시간 동안 때려버리고, 그 옆에 인근에 배들도 있었는데 다 막아버리고, 체육관에 보면 양쪽으로 모니터, TV 두 대 설치해 줬는데, 맨날 똑같은 화면만, 나중에 알고 보니까 동거차도 꼭대기에 카메라 설치해 놓고 비추고 있었던 거예요, 그냥.

이상하다, 이상하다 해가지고 나중에 배 빌려가지고 현장까지 사람들 막 들어가고, 못 들어오게 막고, "야, 밤에는 왜 구조 안 해?" 하니까 조명탄 터뜨려 가면서, 군대 갔다 온 사람들… 해군 갔다 온 사람이 있으니까 이렇게 했는데 그런 쪽에서 우리는…. 국회도 엄마들도 많이 가서 했지만, 4반 같은 경우는 성호 아빠가 "안 돼, 우리는 전초기지를 때려 부숴야 돼" 그래서 그때부터 4반은 무조건 청운동. 이렇게 돼서 거의 특별법 제정될 때까지 계속 청운동으로….

나중에는 인제 사람들도 인식이 좀 바뀌어갔고, 다른 반도 청운동으로 많이 와서 청운동에 천막도 치고 마룻바닥 이렇게 펴서, 그렇게 된 시발점이 4반. 서명운동도 4반, 정무 아빠 있을 때부터 계속….

면담자   청운동 농성하고 비슷한 시기인데, 8월 15일에 프란치스코 교황이 방한했습니다. 유가족들이 광화문에서 농성할 때인데, 그때 느낌이나 기억을 좀 말씀해 주세요.

범수 아빠   그때도 유민 아빠가 단식을 오랫동안 하면서 한 30일쯤 됐나? 정확히 모르겠는데 교황님이 지나가면서 광장을 한 바퀴 돌았거든요. 우리 유가족들이 [이순신 장군] 동상 앞에 주로 이렇게 애기들 분향소 쪽에 있었지만, 차가 돌다 보면 찻길에서 가장 가까워야 되기 때문에, 길옆으로 이렇게 차가 도는 코스를 저거[도열] 해가지고, 지금으로 치면 피켓 들고 있는 쪽, 분향소에 들어가기 전 그쪽에 우리 유가족들 쭉 있었고. 유민 아빠는 가족들 손 한 번 잡고 이렇게 유민 아빠 이렇게 할 수 있게 뒤쪽으로 해서, 교황님 지나가실 때 편지도 전달해 주고 교황님[이] 손도 잡아주고 안아주고 그래서.

그 정도면 사실 법대로, 순리대로 이렇게 끝까지 안 가고 해결해 줄 줄 알았는데, 그렇게 해도 진행된 게 하나도 없고 하다 보니까 그 뒤에 단식도 더 했고, 도보도 했잖아요, 웅기 아빠랑 승헌이 아빠랑 둘이. 승헌이 아빠랑 딸내미… 삼보일배도 하고 삭발식도 하고 여러 가지 어필을 많이 했는데도, 하여튼 영정 사진 들고 그 어려운 걸 걸어서 안산서부터, 날씨하고 상관없이 풍파 비바람 다 부모들로서는 진짜 자기 건강은 뒷전이고 하는 데까지. 지금도 보면 그 특별법, 진실 규명하고 죗값 받게 하기 위해서 지치지 않고 계속하고 있어요.

면담자   그런 활동을 하면서 시민운동 하는 분들을 만나기 시작하셨을 텐데요. 시민사회운동 하는 사람들이 세월호 참사의 문제를 같이 해결하려고 열심히 뛰는 걸 보고 어땠습니까?

범수 아빠　　　그게 보면 우리 가족들 힘만으로는 안 되니까 주변에서 같이 치유도 하면서 이렇게 대외적으로 뛰는 분들하고, 회사로 치면 이제 금속노조라든지 이런 쪽, 무슨 풀뿌리 단체, 뭐랄까 자식 키우는 부모들의 '엄마의노란손수건', 종교계, 하여튼 여러 단체들이 많이 도와주고.

지금도 뭐라고 그럴까, 정치 목적인 사람도 일부 있겠지만 대부분 가족들과 함께 규명하려고 해주시는 분들이, 인원수는 많지 않아도 전국 곳곳에 다 해서, 지금 많이 뭐라고 그럴까 간담회도 보니까 우리 승묵이 엄마가 대외협력팀장인데, 와서 해달라고 하는 데가 많이 있어요, 서울부터 지방까지… 가족들이. 지역이다 보니까, 또 여기저기 분산되다 보니까 한쪽에 치우쳐서 많이 못 가더라도, 들어오면 몇 명이라도 내려가서 얼굴 한 번 보여주고, 같이 이렇게 직접 보고 울면서 얘기도 하면서 현실을 보여주면서 유대관계나 공감대가 많이 싹터서 지금까지 오지 않았나, 앞으로 더 계속 가야 되겠지만.

면담자　　　처음에 유가족들이 정치적으로 휘말리지 않도록 내부에서 조심하는 상태에서 인권연대나 참여연대 같은 시민 단체에서 문제를 같이 해결하려고 다가올 때, 거부감이나 두려움은 혹시 없었는지요?

범수 아빠　　　초기에는 사람 성향 이렇게 두 가지 정도로 보면, 어차피 대형 참사거든요, 250명이라는 숫자는. 활동하면서 너무 힘이 부치고, 같이해서 유가족들이 짧은 시간에 해결이 됐으면 덜 지치고 덜 힘들고 했을 텐데, 되는 건 하나도 없고.

학교에서부터 뭐 전부, 교실도 옮겨야 된다, 뭣도 해야 된다, 분향도 당직도 있고, 이렇게 하다 보니까 주변에서 도와주지 않으면 혼자 갈 수 없고. 이러다 보니까 매주 일요일 날 6시에 미술관 강당에서 총회도 하고, 거기에서도 이렇게 얘기 나와서, 쉽게 말하면 연대해서 같이 가는 쪽으로. 지금 보면 4·16가족협의회 사단법인이 있지만, 또 4·16연대에서 각종 단체들도 같이 이렇게 해서 움직이는 것으로 알고 있고, 이건 사회문제기 때문에 가족만 갖고는, 지금 정치하는 이거를 뭉개버리고 바꾼다는 건 힘들다는 저걸 알기 때문에, 하여튼 그걸 나라에 진짜 좋은, 이거는 간절한 걸 수립이나 계획 구상하려면은 많은 공감대나 같이하는 단체, 시민, 학생, 그 밖에 뭐 해외에서도 이렇게 많이 해주시고, 같이 가야 된다는… 좋은 쪽으로 보고 있어요.

면담자　　청운동 농성하면서 식사 때가 되면 도시락이 오고, 비가 오면 우산을 갖다주고… 이런 경험을 하셨죠? 애들 영상을 보고 싶다고 그러면 스크린하고 빔 프로젝터 가져와서 볼 수 있게 해주고, 마이크하고 앰프 가져와서 쓰게 해주고. 시민 단체들이 이런 일을 하는 걸 보고 좀 놀라지 않았습니까?

범수 아빠　　너무 놀랍죠, 시민 단체. 어차피 부모들이 가면, 비가 오면 처음에는 비닐 덮고 날밤 새고, 차츰차츰 가다가 어느 순간에는 말 그대로 바닥이 젖으면 안 되니까, 빠레트[팰릿] 깔고 매트리스 깔고 몽골 천막도 쳐주고, 때가 되면 김밥이라든지 도시락이나 커피나 과일, 음료수 같은 것, 날 뜨겁고 그럴 때는 아이스박스에 얼음 넣어서 시원하게 먹을 수 있게 해주고. 주변에서 피켓도 같이 들어주고, 같이 서명에 동참해 주십사 하는데, 말로만 하면 이렇게 좀 저거 하니까 약간 방송 장비 이용해서 음악도 조금씩 틀어주고….

그다음에 또 그 안에 들어갈 때는 외국 사람은 이상하게 터치 안 하는데 유가족만 둘 이상 들어가면 어디 가냐고, 왜 들어가냐고 물어보고, 그래서 한 명씩 들어가면서 교대하고 이렇게. 보통 저희 반 같은 경우는 웅기 엄마하고 순범이 엄마는 계속 거기에 이렇게 살다시피 하면서, 청운동에서. 광화문에서 영석이 아버지, 이름이 갑자기 생각이 안 나는데, 거기서 2년 이상을 먹고 자고 했지요.

가족들 중에서 이렇게 너무 고생하시는 분들도 많고. 지나가는 시민들이 지금도 저 피켓 하고 그러면 은근슬쩍 따끈한 두유라든지 커피 같은 것 놓고 가는 분도 있고, 주머니에 넣어두면 뜨끈뜨끈한 거, 우유 같은 것도 고생하신다고 이렇게 주고. 너무 고마워요, 추울 때 가서 이렇게 보면.

그게 자식 키우는 엄마 입장, 또 학생들 지나가다 보면 전교조 선생님들, 동명[상가 피케팅] 같은 경우는 단원고 선생님이 직접 오시거든, 주말마다. 지나가다 단원고 애들, 학생들 이렇게 "선생님!" 하고 이렇게, 그게 참 보기 좋더라고. 우리 새끼들은 지금 없지만,

그 선생님들이 교육계에 있으면서 애들 가르치면서 정도, 옳은 거 가르쳐야 되잖아요, 교직이.

교육부가 해야 되는 게 그런 건데, 지금 보면 교과서도 바꿔놓고 다 자기 입맛에 맞춰서 하[다] 보니까, 국정교과서 안 쓸라고 하다 보니까, 학교에 인센티브 주고 [국정교과서] 쓰는 학교에다 1000만 원씩 지원해 주네 해서 어떻게든지 [국정교과서 쓰게] 하려고 하다가 유보시키고 하는 거 보면, 옛날에 신채호 선생님 생가가 대전에 우리 집 바로 뒤에 있어요. 어남동이라고 옛날 대덕구였어요. 아버지 생신 하면 애들 데리고 가서 생가에서 이렇게 사진도 찍고 한 것도 있는데…. 그러다가 청주 쪽으로 5살 때인가 이사 갔는데.

'역사를 잊으면 민족은 없다'는 말이 언뜻 관심 없이 들으면 하나의 글씨밖에 안 되[지만], 자세히 새겨보면, 쉽게 말하면 우리 집안도 족보 이렇게 자기 조상들 다 하잖아. 자기 할아버지가 뭐 했고 훌륭한 거 내세우면서 자손들 잘되라는 쪽으로 이렇게 하는 거는. 그런 거를 바꿔서 거짓말로 가르쳤을 때, 학교에서 교편 잡는 역사나 사회 가르치는 선생님이나, 지식인들 봤을 적에 과연 옳은 거냐. 옳지 않다고 판단하기 때문에 지금 선생님들이 못 하겠다 하고, 학자들도 안 되겠다 하고… 사회가 잘못 돌아간다는 걸 뼈저리게 느껴요.

특별법 제정

면담자　　　시민들과 함께 2014년에 엄청난 투쟁을 하셨어요. 그래서 특별법을 제정하기에 이르렀는데, 마지막 단계에 유가족들이 많은 부분을 양보했죠. 수사권과 기소권을 양보하고 제한적인 특별법에 합의한 건데, 그 부분은 어떻게 생각하십니까?

범수 아빠　　　하다 하다가…. 사실은 있을 수 없는 일이지만, 이렇게 수사권, 기소권이 없다는 얘기는 결국 이빨 빠진 호랑이처럼 아무것도 할 수 없는 형태로 갔지만, 그렇게라도 만들어서 국민의 힘이나 이렇게 더 해가지고, 한 단계씩 한 단계씩 뭐라고 할까, 좀 더 찾아서 갈려고 했는데, 그나마 그것도 못 하게 연장도 안 해주고, 무마시키고, 없애버리고 지원 안 해주니까, 지금 거의 활동도 못 하게 하는 현실까지 왔고.

일부 몇몇 분 이렇게 한다고 하지만, 그게 움직일려고 하면 일단은 사람도 있어야 되지만, 거기에 따른 제반 모든 전문가들이나 재원과 관련 단체에서 협조 안 해주면 사실 엄청나게 힘든 싸움인데… 그래서 뭐 특별법 해가지고, 다시 연장해서 하여튼… 지식인들이라도 좀 앞장서서 이렇게 해야 될 거 같아요.

지금 재벌들 다 현 정부의 하수인이나, 이권 개입해서는 그 밑으로 다 돈 받아먹고, 지금 하나하나 이렇게 터지니까 국민들이 열받아서, 말 그대로 "이건 아니다", "이게 나라냐", "이놈들 해봐라,

끝까지. 탄핵시켜 버리고 감방 보낸다"고, 그 퍼포먼스를 지금 철창까지 해서 광화문 가면 이렇게 했는데. 어차피 "진실은 승리한다", "규명될 것이다", 그게 일단은 정답이니까 될 거라고 보고, 그렇게 돼야죠, 끝까지.

면담자　　　마지막 단계에서 투표했을 겁니다. 유가족끼리 찬반 투표한 거 혹시 기억나십니까?

범수 아빠　　그게… 그 장면은 내가 저거 했는데, 이렇게 뭐 찬반은 분명히 있거든, 하다 보면….

면담자　　　기억이 안 나시면 괜찮습니다.

범수 아빠　　그건 내가 조금… 그때 당시에는.

면담자　　　그때는 거의 매주 경기도미술관 강당에서 유가족 총회를 했어요. 일요일 총회에 계속 나가셨을 텐데, 누가 주로 사회를 봤고 유가족 중에 누가 어떤 발언을 했는지 총회 분위기에 대해서 말씀해 주세요.

범수 아빠　　총회는 매주 일요일, 특별한 경우 아니면 6시부터 이렇게. 하기 전에 각 분과별 확대회의라고 해서 사전 회의를 하고, 미술관 강당에서 의견 수렴해서 총회에서 이렇게 얘기하고, 끝날 무렵에 발언할 사람들 발언하고 하다 보면 좀 이해 못 해서 다시 물어보는 사람도 있고.

　　그러면 거기서 우리가 전문적인 지식이 없으니까 변호사님이나 또 나오셔서 관련 자료 준비해 와서 보충 설명도 해주시고, 위원장님이나 대변인님 각 분과팀장님들 활동 상황 이렇게 전해 듣고, 하여튼 뭐 그렇게 했고.

거기서 잘 모르면 각 반별 당직 때라도 이렇게 돌아가면서 오셔서 조언도 해주고, 말씀도 해주고 그렇게 하다가 이제는 격주로 총회 하고 있고, 각 반별로 이렇게 광화문에 돌아가면서 분향소 하고, 동거차도 이렇게 몇 명씩 가고. 매주 금요일엔 지금도 동명상가, 중앙역, 상록수역 피케팅하고, 수요집회, 안산시민연대 해가지고 중앙역에서 하고. 또 대외협력팀은 각 지역에서 이렇게 간담회 요청이 있으면 밴드를 통해서 인원 취합해서, 많이 못 가더라도 거의 몇 명이라도 참석하는 걸로 알고 있습니다.

7
해수부의 배·보상

면담자   참사 이듬해인 2015년 4월부터 해수부에서 배상과 보상을 하겠다고 문자 연락을 시작했습니다. 아버님도 문자를 받은 적이 있습니까?

범수 아빠   그게 어느 날 갑자기 방송에다가 먼저 유포를 했고, 그다음에 각 지부로 위임을 [해서] A4 용지 서류로 봉인해서 보내줬고, 총회 때도 그런 건으로 그때 얘기가 있었어요. 그래서 일단은 어차피 애기들이 참사로 인해서 거기에는 여행 갈 때 그 뭐야 여행자보험, 다음에 사랑의열매나 [대한]적십자사에서 이렇게 된 모금, 국민 성금 준 거, 이렇게 해서 있고, 나머지는 뭐 배·보상. 거기에 뭐가 있냐면 애기들 목숨 값이라 그럴까요, 이런 게 '도시 근로자 최하 무직' 뭐 이렇게 관련돼서, 직업이 없고 하는 사람들의 일당이라고 그럴까… 뭐로 해서 애기들 정년퇴직 뭐 해서 호프만식 [계산법이니] 뭐니 해서 잘 모르는데… 그런 식으로 남자는 군대 2년 몇 개월인가를 제외하고, 약간씩 다른 걸로 알고 있고.

어떤 사람은 성금까지만 받아도 "애기들 목숨 값 안 받고 해서 배·보상 청구[소송]하는 데 문제가 없다", 뭐 이런 걸로 한참 동안 이야기하고 있었는데, 국민 성금은 받아도 저기에 큰 지장 없으니까. 그래서 받은 사람도 많고, 안 받은 사람도 있고, 뭐 정확한 인원은 모르겠는데 반 이상은 아마 좀 이렇게 받은 걸로 기억되고….

또 그걸로 인해서 하여튼 뭐 너무 힘이 없으니까, 가족에 따라서는 자꾸 이제 잊을려고 하는 사람도 있고, 너무 아프니까. 그래서 보면 납골당에도 안 하고 애기들 몇몇은 집에다 갖다놓은 유골함도 있고, 절에다 갖다놓은 애기들도 있고, 수목장 한 애기들도 있고. 특히 안산에 하늘공원, 서호, 효원, 지역은 다른데… 그렇게 해서 아직까지는 쭉 오는데.

일단 부모 마음은 자식들이라도 이렇게 한군데 같이해 주고 싶고, 그런 마음으로 더 뛰고, 돈보다도 인간의 생명을 존중해 가지고 존엄성… 왜 돈을 얘기도 안 하는 걸 정부에서 먼저 퍼뜨려 가지고 더 마음 아프게 하고, 자꾸 이런 걸로 해서 사람들 이간질시켜 놓고, 가족들 말고 일반 시민이 봤을 때는 그거 하나하나 액수를 보고서 "그만큼 받았으면 됐지, 뭐 시체 장사하냐" 이런 걸로 해서 마음이 너무 아팠어요.

또 보면 구상권이라고 그래서 "사후 청해진해운에서 받아서 줄 것을 국가에서 대신 해주고 나중에 이렇게 하는 거다" 얘기해서 그렇게 알고 있는 사람도 있고…. 장례식장 때 쓴 비용까지도 전부 제외하고, 하여튼 국가에서 돈 들어간 거는 다 깐 거로 그렇게 알고 있고. 더 자세한 건 물어볼 수도 없고, 그냥 직감적으로 좀 이런데.

일단 이 사고 참사가 어떻게 보면 고의 수장, 지금으로 봐서는 그런 거밖에 생각이 안 돼. 그 나쁜, 안개 낀 날씨에 지체했다가, 그것도 세월호만 출항시킨 게 그 근본부터 이렇게 국가가 관여… 누가 봐도 남들은 이해 안 할지 몰라도 그런 거 아니면 왜 보냈냐. 출발부터가 문제가 많았던 거야. 가서 사고 난 거보다 인천항에서 출발한 것부터 거기에 근본적인 학교 교장과 교감 뭐 이렇게 문제인데, 교감은 자기가 책임에 의해서 극단 조치를 했는지 아니면 그것도 일정한 계획에 따라 정보원을 개입해서 이렇게… 이해도 안 가고. 부모님들이 봤을 때 지금 학교 교장이나 교감 이쪽으로는 사실 애들한테 피해 안 주고, 다시 후배들도 저거 해야 되기 때문에 가능하면 학교에는 크게 가서 한 건 없지만.

그때 당시에 한 게 뭐냐면 애들 명예 졸업도 안 했는데 제적처리 하고 학적에서 없앴을 때, 그때만 가서 며칠 농성 정도 했지. 교실 관련 된 뭐 이런 것도 어차피 기록물이고, 애기들 마지막의 흔적인데 가능하면 안 뺐어야 되는데, 안 뺄라고 [했지만] 종교 단체나 이렇게 종단에서 안산시나 교육청 등등 해서 일단은 조건부로 교육청[안산교육지원청 별관]으로 임시 이동했는데, 마음 아프지만. 자꾸 흔적을 없애면 뇌리에서 없어지는 것처럼 보존도 굉장히 중요하다 생각하고, 가능하면 이렇게 무슨 사고가 났거나 했을 때 폴리스 라인 쳐서 다 해결될 때까지는 손대면 안 되는데, 자꾸 위에서 이 핑계 저 핑계 대가지고 가능하면 없앨라고 하고, 모르겠다고 하고, 잘 기억 안 난다는 둥 하는 게 너무 아파서.

일단 좀 지식인이나 관련된 사람들이 양심선언이라도 했으면 좋겠어. 선생님들 중에 우리 4반 선생님도 살아서 나왔는데 얼굴도 몰라요. 분명히 자기는 알고 있었을 거라고, 애기들 하나하나. 지금 생존자 애도, 애기가 이제 제과 제빵 동아리 하다 보니까, 그쪽에 생존자도 있는데 차마 말을 못 꺼내겠어, 그 애기 상처가 될까 봐. 〈비공개〉 이렇게 만나서 얘기하고 싶고 물어보고 싶은데도, 걔 상처받을까 봐 생존 아이는 일체 부모 얼굴도 모르고 얘기 한번 안 꺼내봤어요. 언젠가 지들도 치유되고 하면 만날 수 있을지 모르겠지만, 아직은 시기가…. 걔들도 지금 성장하는 단계고 또 치유하는 단계기 때문에, 내 새끼 저거 하겠다고 할 수는 없어요.

면담자   해수부가 배·보상에 대해 공식 발표한 뒤 유가족의 대응에 대해 말씀해 주셨어요. 중간에 이간질을 언급하셨는데, 뭐를 말씀하시는 거죠?

범수 아빠　일단은 저희가 2학년 때부터 문과 반, 이과 반이 나뉘고 1·2·3반이 문과 여자, 4·5·6반이 문과 남자, 7·8반이 이과 남자, 9·10반이 이과 여자 이렇게 나뉘어 버렸어요. 다른 반 얘기하긴 좀 그런데… 반별로 보면 어느 반은 반 대표도 없어요, 지금. 그때 당시엔 다 있었겠지만. 어떤 반은 열심히 하는 반도 있고, 또 어떤 반은 반의 주도하에 싸그리 활동 안 하는 반도 있어요. 한두 명만 개인적으로 움직이는 반도 있고, 애기들로 봤을 때. 나머지는 이제 일반인들이나 교사, 화물차 쪽 이렇게 쭉 있는데.

하… 그게 쉽게 말하면 이제 두 가지, "니네가 국가하고 싸워봐야… 줄 때 받아라" 이거지. "그때 가서 받으나 지금 가서 받으나 변함이 없다" 이렇게 보는 사람도 있는 거고. 시간만 저거 하면 언제 될지도 모르니까….

또 하나는 "지금은 돈이 문제가 아니고 애기들 나중에 진실 규명 다 밝혀져서 받아도 늦지 않는다, 좀 시간은 걸릴지언정" 그런 부모님도 있고. 뭐가 좋다 나쁘다는 개인적인 사견으로 할 수 없는 입장이고, 하다 보면 다 먹고살아야 되는 생계가 가장 1번이고, 마음의 상처를 치유해야 하는 사람도 있고, 집안에 따라서는 젊은 엄마들도 있지만 나이 든 분들도 있고. 엄마, 아빠가 별거 또는 이혼하고 재혼해서 제2 인생 꾸리는 집도 꽤 돼요, 보면. 우리 큰애 고잔초등학교 다닐 때 보니까, 엄마, 아빠 성이 다른 애가 한 다섯 명인가 있더라고, 반에. 그걸 보려고 해서 본 게 아니라…. 그래서 아마 법적으로 엄마 성을 따르던가[따르든가], 아니면 조금 완화를 시켜서 개명도 좀 하면서, 내가 알기로는 그런 거 같애.

그걸 뭐 너무 방송에서 애들 좀 나쁘게 얘기해서 "돈 받으니까 다 이사 갔네", "돈 받고 헤어졌네" [하지를 않나], 어떤 사람은 할머니가 키웠는데 엄마, 아버지는 찢어졌고, 할머니한테 일정 비율 받은 사람이 좀 줘야 되는 게 맞는데 우리나라 법이 잘못돼도[잘못됐는지] 친모한테 더 뭐가 가네, 생전 코도 안 보이던 사람한테…. 여러 가지 법적으로 해결해야 될 것도 많고. 우리가 봤을 때는 버리고 간 엄마인데, 엄마 몫이 반이여? 아빠 몫이 반이고? 이건 좀 아무리 법이라고 그러지만 법이기 전에 도덕성이라고 할까, 맨날 학교 다닐 때 도덕으로 배웠지만 이건 좀 아닌 것 같다 느꼈고.

애기들 이거 목숨 값을 너무 일방적으로, 어디다 무슨 기준을 해서 그냥 단순한 교통사고, 일회성으로 이렇게 생각하는 시민들도 좀 잘못된 것 같고…. 애들이 커서 대통령 안 나오란 법도 없고, 경찰이나 국회위원 안 나오란 법도 없잖아요. 내가 봤을 때는 단원고 애들 올해 애기 때 2014년 애들이 되게 똑똑했어요, 지금은 모르겠는데. 얘네 전에는 선발 시험 갔는데, 얘네들부터는 컴퓨터 추첨을 해서 학교 배정한 애기들인데. 선생님들도 얘기했어요, 진도에 있을 때 "애기들 너무 착하고 공부 잘한다"고, 특히 예체능 잘하는 애들도 많고. 똑똑한 애들 다 죽여놓고 지금에 와서 '솔로가 많으니까 뭐 애기 낳으면 얼마 준다' 이런 식으로…. 먹고살기 힘드니까 못 낳는 거고, 직장 없으니까, 취업 안 되니까 [못 낳는 거지] 그런 거 생각 안 하고 무조건 젊은 사람들한테 애기 낳으면 인센티브

주겠다, 세금 공제 뭐 이렇게 하겠다?

　18살 젊은 애들 250명이면 이렇게 플러스 한두 명만 해도, 지금 같이 애기들 없을 때 자꾸 출산 장려하는 판에, 국가적인 손실은 돈으로 따질 수가 없는 거예요. 어느 사람 머리에서 나왔는지 현실도 모르고 책상에 앉아가지고 그냥 권력으로, 아니면 인맥으로 자기 입맛에 맞는 사람 다 부서에다 바꿔놓고 온다는 게 가슴 찢어지게 아프고. 그러니까 하루빨리 좀 바꿨으면 하는 마음, 지금도 내 가족의 한 사람으로 바라는 건. 될 거라고 믿고, 바꿔야 된다는 걸 뼈저리게 느끼고 있어요.

8
동거차도 방문

면담자　아버님, 동거차도는 언제 가셨어요?

범수 아빠　제가 11월 13일 날부터 20일 날인가? 7박 8일 가봤어요.

면담자　어땠어요?

범수 아빠　가면 배 타는 게 겁났어요, 사실은. 물에 가기도 싫고. 대전이나 뭐 이렇게 바닷가는 없는 데서 자랐지만, 우리 애기들이 물을 너무 좋아했어. 아주 그냥 집에서도 보면 꼭 욕조에서 샤워하면 물 담아놓고 놀다 나오고. 대부도 가서 조개 캐고 그러는데…. 범수 같은 경우는 초등학교 3학년 때 안면도 서산 쪽에 꽃지 해수욕장 쪽 갔을 때, 그 간월암이라고 간월도 거기 물 들어오면 못 들어가고, [육지에] 매립하면서 조그만 섬이 돼버렸어요.

가보셨나 모르겠는데. 애가 얼마나 좋아했냐면, 거기 갔다가 이제 밥 먹고 안산동문회에서 놀러 갈 때 가족들 같이 갔는데 애가 없어진 거야, 가야 되는데. 그래 가지고 애를 막 찾고 그랬는데, 지 형이 막 뛰어가더니 바닷가로. 간월도 거기서 뭘 했냐면 꽃게 움직이는 거 요만한 거, 돌게라고 그런 거 있잖아요. 그거 잡고 있는 거야. 이놈은 그냥 바다가 좋으니까 가서 잡고 있었는데, 우리는 거기 가서 밥 먹고 술도 한잔씩 먹다 보니까… 지는 빨리 먹고 혼자 거기 가서 놀고 있는 거 데리고 왔다고, 지 형이. 그게 기억나고.

면담자   동거차도 들어갈 때 배 타는 건 괜찮았어요? 처음에는 힘들었을 텐데….

범수 아빠   걱정을 많이 했죠. 집사람 건강이 안 좋아서 치료하고 있는 상태인데, 엄마들도 직장 다니고 다 이제 거의 30일자로 그만두고 있다 보니까, 원래 세 명이 가기로 돼 있는데 한 명 엄마가 그만 일이 있어서 못 가. 4반 대표 하시는 목사님 사모님, 요한이 엄마랑 저하고 이렇게 가다 보니까, 여자 남자 둘이 들어가는데 남들이 보면 또 이상하게 생각할 수도 있잖아요. 그런 뜻으로 가면 우리 집사람도 한 번쯤 물어봤겠지. 그런데 뭐 그런 거 개의치 않고, 어차피 애들 때문에 가는 거니까.

마침 그전에 5반이 일이 있어서 못 내려가고 일주일 비어 있었어요. 그래서 그때 건우 아버님이 우리를 데려다주고, 그다음에 내려갈 사람이 끌고 가야 되기 때문에 같이 가주셨는데, 건우 아버님이 갔다 다시 올라와야 되는 입장인데 한 4시간 반, 5시간 걸리더라고요. 4시간 가고 진도 팽목 근처에서 식당 찾아서 이렇게 하다 보니까 팽목항까지 5시간 걸렸는데, 제가 운전하고 건우 아버님 차 갖고 올라가게 하고. 우리 갈 때 덕원호라고 그분[배의 선장]이 일이 있어 갖고 다른 고깃배 이렇게 해줘서, 한 40분 정도 걸리더라고. 여객선 타면 3시간 걸린다고. 가는 날이 또 장날이라고 바람이 엄청나게 불어가지고 3일 동안 텐트 날아갈 정도로 들썩들썩하고 뭐 춥기도 하고, 또 애기들 저거 생각하면 눈물도 나고. 거기서도 뭐 촛불[집회] 한다고 일반 시민들도 30명 정도 같이 들어와서 1박 2일 하고 밑에 있다가 가시고.

그 밑에까지 내려가 보셨나 몰라도, 협곡이 있는데 다리가 안 좋아서 내 기억으론 한 5분 정도 망설였을 거예요. 뛰는데 현기증도 나고, 내가 다리가 불편해서 건너뛰기도 안 좋은데, 용기 내서 '여기까지 왔으니까 좀 내려가 보자' [해서] 건너뛰었어요. 그 밑에 내려가니까 협곡이 깊더라고. 만감이 많이 교차했죠.

야, 여기 미역발 쭉 있고, 배 있는 데서 보면 손에 닿을 듯한데, 바다에서는. 애기들 뭐 조끼 입어서 파도치고 하면 배도 있고 하니까, 그쪽으로 오면 분명히 미역에 스티로폼 달렸으니까 잠깐 손만 이렇게 해도 가라앉지는 않았을 거 같아. 그런 애들이 하나도 못 살았는데 엄청 마음 아팠고. 거기에 있는 풀 한 포기 나무 하나도 진짜 내 새끼 같고 그런데, 그쪽에 소나무가 재선충인지 뭔지 때문에 큰 나무들이 많이 죽었어요. 그것도 너무 마음이 안타깝고.

그렇게 그쪽에 관련돼서 잠도 제대로 잘 수 없고 거의 '멘붕' 상태에 있다가, 꼭 보면 낮에는 가만히 있다가 밤에[이] 되면 막 엔진 소리 나면서 뭐 하는 작업인지 소리가 좀 크게 들리고 낮에는 파도 소리 바닷물 소리 때문에 뭐를 하는데 잘 안 들려, 그 소리는. 뜬눈으로 자다시피[새우다시피] 하고… 주민들 또 거기서 협조 많이 해 주고… 씻는 것도 불편하고 한데 그런 것도 감수하고…. 몇 번 더 갈 수 있을지 모르겠는데, 엄마들 다 그런 마음으로 새끼 생각해서 한 번씩 마지막 장소기 때문에, 그 의미를 부여하자면. 더 가보고 싶고, 못 간 엄마들 입장도 생각나고.

가족들 전체적으로 세월호 부표 있는 데 한 바퀴 돌아올 때도 갔었거든요. 동거차도에는 이렇게 가서 있을 때, 사진도 여기 있지만, '손에 잡히는데[잡힐 듯한 거리에 있는데] 그거를 빨리 인양 안 하냐', '그거 찍해봐야[끽해봐야] 40미터도 안 되는데 저렇게 오래 끌고 있느냐', '배에 구멍은 160개 정도 뚫고, 중요한건 다 잘라내고 왜 이렇게…' [하고 있는지 모르겠어요]. 미수습자들은 하루빨리 꺼내주기 바라고, 팽목항에서 집에도 못 가고 속이 다 썩거든요. 그런 거 보면 뭔가 할 수 있는데도 안 하는 거, [안 되면] 뭐 다른 데 더 저렇게 좋은 장비 있으면 국가로서 해주는 게 맞는데 안 하는 거, 그런 게 막 울화통 터졌어요.

범수 아빠 김권식

9
교실 존치 문제

면담자　작년 5월에 아이들 제적처리 했다는 것이 알려지고 단원고등학교에서 농성이 시작됐어요. 단원고와 안산교육지원청, 경기도교육청의 격렬한 싸움도 벌어졌고요. 어떻게 보셨어요?

범수 아빠　집이 이 근처인데, 애기를 보고 싶거나 뭐 하면 저녁 먹고, 회사 다니면서도 밤 10시, 11시에도 교실에 가서, 불은 초창기에는 계속 켜놨었는데 나중에는 10시 정도 되면 소등하고 그랬었지만. 거기에 임영호 씨라고 아마 택시 하시면서 남천나무라고 사다놓은 것도 있었고. 저희 반 같은 경우에는 엄마들이 처음에 조화를 갖다놓은 게 아니고 생화를 갖다놨어 전부 다. 국화부터 해가지고 뭐 꽃으로 많이 쭉 하다 보니까 중간에 날씨나 온도에 적응 못 해서 이렇게 고사해서 저거 하면 빼내버리고, 엄마들이 또 가서 추가로 사다 놔주고 하다 보면 교실에도 못 오는 엄마도 있어, 마음이 아파 갖고, 울다가… 자꾸 보면 마음이 아프니까.

　원래 나무나 꽃나무 같은 걸 좋아하다 보니까 그런 것도 있지만, 애기들이 거기서 놀고 떠들고 했을 걸 생각해서, 핑계는 물 주러 간다고 그러지만, 하여튼 거의 내가 일주일에 한 번은 평균적으로 가서 물 주고, 꽃 피면 또 찍어놓고 밴드에다도 올려주고, 이렇게 해서 보존되기를 원했죠. 하다 보니까 어느 날 갑자기 약간 막 아놓고 개조하면서 개·보수를 하더라고. 먼지가 수북해 가지고, 업자들 시켜갖고 빨리 끝내려고 하는지는 몰라도, 보수를 그때 당시 막 해서 바닥에 있는 유품, 시민들이 와서 해놓은 거, 각종 편지라든지 메모 같은 게 먼지에 훼손도 되고, 없어진 것도 있고…. 그런 상황에서 청소하러 몇 명 마음 맞는 사람들이 가서 닦기도 하고 이랬는데…….

학교 쪽에서는 학부모들, 재학생들하고 그렇게 마찰[을] 가능하면 적게 하려고… 학부모 회의 때도 참석했는데, 대부분 재학생들 입장에서는 자꾸 빼는 쪽으로 얘기가 됐었고, 우리 유가족들은 어느 절충점을 찾다 보니까, 종교계에서 계획을 해서 아무튼 그것도 어렵게 해서, 임시 이동으로 여기 고대병원 앞에 [안산교육지원청] 별관에 해놨는데. 이렇게 가서 보니까 모양도 다르고 옛날 그 모습은 다 사라지고, 나중에 복원한다고 해도 아마 우리가 눈으로 봤던 원래 교실 그 모습은 안 나올 것 같고. 이게 말로는 기념관, 추모관, 안전시설 뭐 이렇게 한다고 그랬는데, 학교 옆에 과연 언제쯤 공사가 진행될 거며 이런 거 봤을 때는, 공동체 지역 주민들하고 미팅할 때도 봤는데, 교육청[안산교육지원청]이나 단원고나 경기도 교육청, 종교계에서 합의를 해서 이렇게 해주고 하는 걸로 다 알고 이전을 했는데.

동네 주민들이나 시민들은 또 단원중학교 학부모 회의라고[해서] 고잔1동에[서] 공청회 했을 때 갔는데, 그것 못지않게 반대 여론도 무시 못 하고. 그래서 뭐 지금 이렇게 있지만, 분향소 이렇게 안산 반경으로, 지금 가족들이 원하는 건 시민들과 절충해서, 추모공

범수 아빠 김권식

원과 얘기로는 1.5킬로미터 이내 반경 안에 [세우는 것으로] 얘기하는데. 멀리 있으면 안 가고 이렇게 관리도 안 될 거고, 그렇다면 약간 문화 공간 비슷하게 해서, 가까이에 있어서 사람들이 와주고, 그렇게 다녀서 휴식 공간처럼 이렇게.

미국에도 갔다 와서 예를 들어주고 다른 나라 예도 들어줬는데, 그런 쪽으로 해서 하여튼 밀접한 관계가 유지되지 않으면 말 그대로 추모 이것만 관련돼서는 시민들이 반대도 [지지] 못지않게 크다 생각하고. 우리 가족들도 어차피 멀리 가는 거 원하는 사람 없고 그래서 안전 공원 비슷하게 해서 기념관도 기억 공간으로 그렇게. 안산시에서도 그렇고 고잔동에서도 그렇고, 하여튼 좋은 쪽으로 절충해서… 공감대가 형성돼야 되는 거지, 이거를 서로 싸워가면서 하면 나중에 가서는 그냥 우리 엄마, 아버지 있을 때는 같이 이렇게 할지 몰라도 우리 후세에 가서는[까지] 꾸준하게 이어갈려고 하면, 가장 저거 한 게 시민 공감대, 공동체가 형성되는 게 더 좋지 않을까 해서 그렇게 생각해요.

면담자   오늘은 1차 구술 때보다 긴 시간을 해주셨어요. 남은 이야기는 3차 구술로 미루고, 오늘은 마무리했으면 합니다. 쉽지 않은 부분을 차분하게, 긴 시간 동안 말씀해 주셔서 감사드립니다. 2차 구술을 여기서 마치겠습니다.

범수 아빠   좋은 날씨에 그냥 생각나는 대로 이렇게 두서없이 하다 보니까, 뭐라고 그럴까 준비 없이 이렇게 얘기해서….

면담자   아닙니다, 전혀. 좋은 내용을 굉장히 많이 들었습니다.

범수 아빠   하여튼 근본적인 것은 안전이니까, 안전에다가 우리 후세에 성장하는 젊은 애기들 다시는 이런 일이 없었으면 하는 뜻에서, 마음 아프지만 마음에 담아두었던 이야기했으니까 참고해 주십사… 좋은 쪽으로 활용해 주셨으면 좋겠습니다.

면담자   감사합니다.

범수 아빠   예, 감사합니다.

3회차

2017년 1월 18일

1
시작 인사말

면담자　　　본 구술증언은 4·16 사건에 대한 참여자들의 경험과 기억을 기록으로 남김으로써 이후 진상 규명 및 역사 기술에 기여하고자 합니다. 지금부터 김권식 씨의 증언을 시작하겠습니다. 오늘은 2017년 1월 18일이며, 장소는 안산시 단원구 세승빌라입니다. 면담자는 김익한이며, 촬영자는 박은수입니다.

2
퇴직 후의 일상생활

면담자　　　오늘 3차 구술을 하는데요, 참사 이후 아버님 생각의 변화나 현재의 구체적인 생활 모습에 대해서 이야기를 나누려고 합니다. 최근 아버님이 평생 다니던 직장을 그만두신 걸로 알고 있어요. 퇴직한 계기와 생활의 변화 등을 편하게 말씀해 주세요.

범수 아빠　　　마지막 3차까지 하여튼 날씨도 추웠고, 오늘은 많이 누그러져서 편안한 마음으로……. 제가 안산이라는 곳이 어딘지도 모르고, 대전에서 살다가 창원에 첫 직장으로 [갔어요]. 비철 쪽이 아니고 금속 주조하는 데, 지금으로 치면 □□그룹의 모체인 □□산업이라고 자동차나 방위산업체용 탱크 바퀴에 들어가는 드럼 같은 것, 소형 주물이 아니고 대형 주물이나 주각 일부, 이제 그 농기

계용 트랙터, 경운기, 자동차 부품 이런 쪽에서 관리부, 생산부, 주조부 있었는데 가다 보니까 주조부에 들어가서. 용탕 관리하는 노전이라고 하는데 노전 관리를 쭉 하고, 젊은 나이에 꿈을 갖고 갔고, 뭐 일도 재미있고 좀 배울 점도 있었을 거고…. 시골에서 농사짓는 집안에서 태어나다 보니까 금속에 관한 게 조금 생소한 면도 있었고, 위의 주임님이 부산대학교 금속공학과 나오시고 그래서 일 끝나면 이렇게 개인적으로 조금 가르쳐주시고 했고….

□□계열사도 여러 가지 모체로 해서 이렇게 있다가 좀 젊은 나이에 우연치 않게 또 집에 좀 자주 와야 되는 일도 있고 하다 보니까 교통이 안 좋더라고요. 그런 거 감안하다 보니까 우연치 않게 1년쯤 다 돼갈 때 직장을 반월공단으로 옮기게 돼서 이렇게 왔는데. 일단 비철이냐 금속이냐 차이는 쇠냐 쇠가 아니냐 그거 차이인데, 이게 또 쇠가 아니다 보니까 매력이 있는 게, 비철이라는 건 쇠가 아닌 거, 이만한 거 다 좀 생소하더라고.

그중에 이제 그거를 소재로 해서 원료를 이렇게 구입해서 용탕에다 똑같이 주조하는 과정은 다 똑같은데, 거의 소재 합금으로 만드는 과정이라, 그렇게 해서 이제 현장 답습[실습]도 하고. 지금으로 말하면 오제이티(OJT) 교육이라고 해서 저희 사장님도 "파트를 다니면서 습득해야 사무실에서 관리도 할 수 있다" 그래서 하다 보니까, 한 6개월 정도 이렇게 됐을 때 우연치 않게 현장에서 기계에 무릎을 다쳐가지고 한 2, 3년 동안 세 번에 걸쳐서 대수술을 하다 보니까 다리에 장애가 있어 가지고 젊은 사람이 내 꿈을 펼칠 수 있나….

한편으로는 조금 상심도 했고, 또 한편으로는 이걸 극복하지 않으면 내가 사회생활이나 결혼이라든지 이런 게 분명히 [힘들어지겠다는 생각도 들고] 젊은 사람이 장가도 안 가고 다쳤으니까…. 그 과정에서 제 나름대로는 [오히려] 엄청 열심히 벌었어요.

저 같은 경우엔 상고를 나왔기 때문에, 이 또 금속 계통, 조금 막 공부나 이런 쪽에서 유리한 것도 있었지만. 다행히 3학년 때 제 담임이 화학을 가르친 강×× 선생님이신데, 그분은 우리를 마지막으로 개인 사업차 그만두셨죠. 아시다시피 그때는 몽둥이 자루로 맞아가면서 학교 다니던 시기였으니까, 상고에서 배웠다고 하면 좀 저거 하지만 물리도 있고, 화학도 있고, 생물도 있는데 저는 화학을 선택해서 그게 도움이 많이 돼가지고 원소기호라든지 이런 걸 좀 보니까…. 눈으로 보고 좀 깊이 들어가면 어떤 학문이 다 어렵다시피, 하나하나 이렇게 배우다 보니까 시간을 들여서 나름대로는 많이 실력도 향상됐고, 어느 단계에서 관리 쪽에서 계속 [일하게 되었어요].

가장 중요한 게 비철금속에서는 원자재 구매, 이제 아시다시피 우리나라의 비철은 전부 다 상사나 국가에서 하는 조달청 그쪽에서 많이 배급을 하는데, 그런 거 구매 많이 하면서 부수적으로 부자재라든지 희귀 금속, 그다음에 이제 안전에 관련된 것, 소방, 위험, 뭐 환경, 보건 쪽도 계속 병행해서, 나올 때까지 이렇게 해서 신임을 받았고. 그렇게 오랫동안 하면서도 크게 지적을 받았다든지 과태료를 받았다든지 그런 게 없었어요, 한 건도. 그만큼 사람들이 특히 환경 같은 건… 예전에 폐수는 거의 하천에 방류하다시피 했는데, 홍보라든지 교육 쪽… 담당자의 의지, 이런 걸 많이 교육해서 나오는 날까지 후임자 고생 안 하시게 다 인수인계하고. 나올라고 해서 나온 게 아니고 있다 보니까 햇수로는 29년 차인데, 만으로는 28년이 조금 빠지고, 회사에 안 좋은 일이 있어서… 경기가 다 어렵고, 지방의 공장에다 본사를 합치는데 가까운 거리에 있는 안산에서 이제 경남 □□농공단지에, 그 부지가 5000평인데 그쪽에 내려가서 있다 보니까…. 참사로 생명을 이렇게 보내고 나니까, 집사람은 안산 집에 있고 저는 또 지방 공장 기숙사에 있고, 지 형은 대전에서 학교를 다니니까 세 명이 이렇게 같이 서로 의지하면서 도와줄 때 도와주고 소통이 돼야 되는데, 세 명 다 따로따로 있다 보니까, 거리도 멀고….

이게 아니다 싶어서 일단은 사장님한테 얘기했고 "제가 이렇게 업무를 많이 알고 있는 거를 3개월 동안 다 후배에게 인계해 주고, 있는 부서도 있고 없는 부서도 있는데, 기록으로 남겨서 메일로 해서 다 가르쳐주고, 전화로 물어보면 언제든지 가르쳐주겠다" 이렇게 해서 그만뒀는데. 회장님이 집에 있으면 더 늙으니까 회사 나오라고 두 번 전화도 왔었는데, 회장님 88세시거든. 제가 거기 답변을 못 드리고 한 번 그냥 인사차 놀러 가는 척 간 거밖에는 없는데…. 지금도 이렇게 나를 잘 봐서 그런 건지, 내가 뭐 실력 있다고는 안 하는데, 저도 다니면서 '내 회사다', 내 가족이 먹고살던 장소

범수 아빠 김권식

다 보니까 하여튼 회사 구석구석, 사람들, 거래처 이 관계를 하여 튼 [제] 나름대로는 최선을 다했고…. 그러다 보니까 아쉬움이 있으면서도 과감하게 지금 떨치고 나와서 활동……. 좀 적게 먹고 적게 쓰고, 애기들 관련된 행사 있으면 가까운 데, 뭐 소단위에서 이제 부대표를 맡아가지고 분향소에 가면 이렇게 4반 같은 경우는 이렇게 [단결이 잘] 되는데. 거기에 아프신 분들도 있고 못 나오시는 분도 있는데, 그러면 전화나 아니면 이렇게 찾아와서 모였을 때 설득도 하고, 관련돼서 일 있으면 현수막도 걸고 교체도 하고 피케팅도 하고, 간담회 있으면 조금씩 하다 보니까… 햇수로 3년 다 돼가는데 아직도 진행되다 보니까, 나름 한다고 하는데… 그러다 보니까 이제 잠재되어 있던 아픔이 막 여기저기서 나타나는 거죠.

공황장애라고 그래서 지금 약도 계속 먹고 또 혈압도 [있고] 고지혈증에, 이렇게 활동하다 보면 통증이라든지 한번… 광화문 같은 데 버스만 타고 갔다 와도 한 이틀 정도는 허리가 아파서 집에서 푹 쉬면 조금 낫고 그런 생활을 지금 계속하면서. 실업 급여는 이제 오래 다녔다고 해서 8개월까지 주는데 한 세 번 정도 받았는데, 그거 갖곤 사실 생활도 안 되는데. 일단은 애기 일 안정이 되면 나무 심고 가꾸고 이런 쪽에 좀 취미도 있고 해서, 조금 더 시골에 가서 자연인이 돼서 이렇게 좀 하고…. 아직까지 '이것은 내 일이 아니다' 하는 사람들, 동네부터 해가지고 이렇게 점점 더 확장? 확대? 이렇게 소모임을 해가고 싶은 그런 마음으로 살고 있습니다.

면담자   성실하게 직장생활 하던 분이 출근을 안 하는 건 엄청난 변화죠. 직장 그만둔 지 4개월쯤 됐는데 어떻게 지내셨어요?

범수 아빠 일단은 긴장감이 풀리니까 몸무게가 한 4킬로그램 정도 찌더라고. 그래서 집사람하고 같이 여기 와스타디움에 헬스장 있어서 끊어갖고 다니는데, 한 달 다녀보니까 그것도 아니다 싶어서 일단 저는 포기하고 집사람은 계속 다니고 했는데…. [여러 가지로] 치료도 하는데 하여튼 모든 게 정상으로 가려면 아직까지는 충분한 시간이 있어야 되고.

또 이게 4·16기억저장소 인근에 있는데 집사람 같은 경우는 학교나 정부 저기 분향소[가 있는] 화랑유원지, 하늘공원이나 이런 데를 지금도 다리가 떨려서 못 간다고 그래서, 하늘공원에 애기 보러 가끔 그냥 어쩔 수 없을 때 한 번씩 가고 나머지는 아예 옆에 가지를 않아요.

아는 사람들을 잘 안 만나고 대인 기피 이런 것도 있고, 약간 우울 증상이 있어서 병원 치유도 하는데… 계속 밖에 나가서 햇볕도 쬐고, 하루에 최소 3, 40분 운동하라고 하는데, 이렇게 굴곡이 있더라고, 계속 그런 게 아니라. 사람이 더 참 힘들다고, 계속 아프면 좀 간병이라든지 이렇게 우리 시골집이나 친정에 이렇게 가서 있으면 되는데, 괜찮을 때 괜찮다가도 어느 날 갑자기 기운이 뚝 다운되고, 어떤 때는 좋아서 이렇게 좀 올라가고. 상당한 시일이 지금도 걸리고, 계속 치유하고 [해야 할 것 같아요].

범수 아빠 김권식

3
부부의 상황

〈비공개〉

면담자　　　범수 어머니가 진도에 있을 때부터 병원에 실려 가신 경우 중에 하나로, 범수도 병원에서 만날 수밖에 없는 상황이었으니까…. 범수를 잃은 충격이 워낙 커서 안산에 온 뒤에도 계속 어려운 상황에 처한 모양인데, 최근에는 많이 좋아지신 것 같아요.

범수 아빠　　　〈비공개〉처음에는 '□□시계' [만드는] □□정밀, 서울에 있다가 반월공단에 내려와서 그 직장에 다니고 있다가, 결혼한 후에는 ○○나 범수 초등학교 다니기 전까지는 직장생활을 제가 못 하게 하고 애기들 키우라고 그랬어요. 크면서 몇 군데 다녔는데….

면담자　　　아버님은 공황장애나 스트레스가 어떤 상태인가요?

범수 아빠　　　지금 초창기에는 뭐라고 그럴까, 공황장애인지 몰랐죠. 그러니까 이 병원 저 병원 다 다니면서 물어봐도, 약 먹어도 안 듣고, 가슴은 답답하고. 체했나 그래 가지고 시골에서 한방 비법으로 익모초라고 있어요, 체하면 그거 찧어가지고 즙 먹는 거. 물에 타가지고 그것도 먹어봤고, 환도 먹어봤고 [했는데] '이게 아니구나' [싶더라고요]. 하여튼 이 병원 저 병원 다니다가 □□병원이라고 여기 있어서 갔더니, 사람들이 얼마나 많은지 "3개월을 기다려야 된다"고 그러더라고요, 예약해서. '어이구, 죽겠는 거야', 답답해서. 집사람은 그때 당시만 해도 "병원 가봐, 병원 가봐" 그러는데 나는 "체했겠지" 이러고 미뤘는데.

그러다 하도 죽겠어 가지고, 안산 같은 경우는 가이드 전화번호 쭉 있는 거 이렇게 두꺼운 책 있는 데, 그 경제가이드라고 해서, 거기서 이제 신경정신과 있더라고요. 근데 대부분 사람들이 그런 쪽으로는 잘 안 가려고 하더라고. 또 갔다 오면 보험 처리나 이런 게 잘 안 되니까 꺼리거든요.

하도 죽겠어서 가봤어요. 마침 토요일이었고 오전에 안 가면 안 되는 상황인데, 안절부절못하니까. 지금 의사 선생님이 설문지 한 몇 장 되는데 90문항 정도 되는 것 같더라고, 100개인지. 그거 체크해 보라고 하더니 최근에 일주일간 해가지고 쭉쭉쭉쭉 하더니, 그래프를 [그] 나름대로 그리시더니 딱 하는 말이 "공황장애 얘기 들어봤냐"고. 말로만 들어봤지 TV 같은 데서, 그때 당시는 다 사람들이 숨겼어. 나중에는 이×× 걸렸고 누구도 걸렸고, 확산되니까 들어보긴 했는데 "자세히는 모르겠다" 하니까, 공황장애 초기라고 하더라고.

이게 옛날로 말하면 화병 비슷한 게 몸에 잠재하고 있다가 어느 순간에 가슴 답답하면[서] 확 치밀어 오르고 혈압도 오르고, 그래서 고대병원 응급실도 두 번이나 갔었어요. 곧 막 죽을 것처럼 이러고, 쓰러지는 사람들 대부분이 혈압이 높아 가지고 순간에 탁 터지면… 응급실 가서 재보니까 혈압이 뭐 190. 보통 120, 130 이

114

범수 아빠 김권식

정도에서 거의 왔다 갔다 하는 사람들이 190까지 올라가 버리니까, 이제 빙글빙글 돌면서 곧 죽을 것처럼 가슴 답답하고. 그나마 내가 보건 [쪽을] 회사에서 담당하고 있었기 때문에 '아, 이렇게 올라가면 이상하다. 빨리 응급실 가자' 그리고 안정 취하고 또 가만히 있으니까 쭉 내려가. 병원에서도 [원인을] 못 찾고 괜찮다고 가라고 그러고, 일주일 있다 또 그러는 거야, 똑같이. 190 이상 넘으면 그런 과정으로 갔더니, 인터넷으로 막 찾아보니까 공황장애로 죽는 사람 없으니까. 그때부터 임기응변으로 극복하면 완치는 안 되는데 80, 90퍼센트 호전된다 그래서 지금도 이렇게 약은 항상 갖고 다니는데, 불쑥 한 번씩 막 올라올 때 있어요. 조금 자고 일어나서 아침에 활동할 때가 가장 심하고, 어디 가서 흥분하거나 그러면 갑자기 가슴이 답답하고. 지금 저 가방에도 아침에 올 때도 먹었지만 항상 예비로 갖고 다녀요, 꼭.

면담자　　　잠은 잘 주무세요?

범수 아빠　　일단은 수면 시간이 일정치가 않고, 하다 보면 늦게 잘 때도 있고 잠깐 1, 2시간 자다 깨가지고 못 자고 있는 게 반복되는 거지. 보통 잠은 4시간이나 5시간 꾸준하게 자야 되는데 수면 뭐라고 하나, 전문용어는 잘 모르겠는데 자다 깨다 하다가 아침에 일어나고, 회사는 나가도 좀 피곤하고, 잠자는 시간도 낮잠이라고 그럴까, 밤에 그렇게 되고, 잠깐 졸고….

면담자　　　자다가 깨는 원인이 뭐라고 보세요?

범수 아빠   깊은 잠을 못 자요, 약을 저녁에 안 먹으면. 예전에는 아침 점심 저녁 세 번을 먹었는데 다 끊고, 지금은 증상 심할 때만 먹어요. 결국은 뭐냐면 안정제, 수면 유도제인데, 가능하면 안 먹고 버틸라고. 안 먹는 게 좋지만, 진짜 힘들 때만 먹으면 자기도 모르게 약에 의해서 자요.

면담자   세월호 참사와 관련된 일이 잘 안 풀린다거나, 어처구니없는 일이 자꾸 발생하는 것이 깊은 잠을 못 자게 하는 원인으로 작용하는 듯 싶은가요?

범수 아빠   그런 게 많이 작용하는 것 같아요. 일단은 책도 읽어보고, 다른 때 같으면 교양이라든지 관련된 것 좀 보고, 화초나 이런 걸 좋아해서 거의 많이 키우다시피 했는데. 어느 순간부터는 본의 아니게 반 이상은 좋아하면서도 그냥 고사시켜서 관리를 할 수가 없기 때문에, 지금도 난 화분 20개 가끔씩 거기에 좀 뭐라고 그럴까 애정을 주고, 물도 주고 닦아주고, 극복하려고 나름대로 하는데… 이렇게 가다 꽃집 같은 데 보면 더 좋은 것도 있고, 갖다놓고 싶어도 관리 못 하면 어떡하지 해서 그런 것도 지금 고려해서 더 이상 늘리지는 않고….

면담자   석 달 뒤면 3주기인데, 그동안 육체적으로나 정신적으로 힘든 상황에 잘 견뎌오셨어요. 그나마 아버님께 위안이 된 것이 뭐가 있을까요?

범수 아빠   활동을 하다 보면, 뭐 회사에서도 마찬가지지만, 혼

116

자 안 되는 게 있잖아요. 지나가다 여기 같이 부축 좀 해줘, 아니면 이거 하고 있는데 다른 일이 겹칠 때 우선순위가 있거든요, 똑같은 일을 해도. 오랫동안 하다 보니까 그런 게 몸에 배어 있고, 집에서도 이렇게 하다 보면 쭉 나름대로 약간 뭐라고 그럴까 먼저 해야 될 것, 좀 나중에 해야 될 거 이런 게 그려지고.

안산에 인제 분향소라든지 학교라든지 [4·16기억]저장소, 치유센터로 '온마음[센터]'도 있고 이웃도 있고. 수요집회, 다음에 지역별로 가까운 데 간담회도 있었고, 그런 데도 가면 꼭 어른들만이 아니고 애기들 데리고 나오는 아주머니부터 학생들, 이렇게 우리 가족들 가서 발언도 하고 얘기도 들어보고, 와서 같이 공감대를 형성해서 해줄 때, 조금씩 이제 힘도 받고. 가끔씩 미술관에 가면 그전에는 한 일주일에 한 번씩 [4·16가족협의회] 회의 같은 데 참석도 했는데, 반별로 이제 당직이 있어서 그런 데 가서 또 가족들이니까 숨김없이 소통하고. 지금은 이렇게 활동하시는 분들이 계속 활동하니까 또 공감대가 되고.

그쪽 광화문 같은 데 가면 여러 단체라든지 종교 단체, 학생들, 지역 이렇게 애기들 와서 박수도 쳐주고, 소리도 질러보고, 촛불[집회]도 하고, 공연도 보고 하면서 많은 위안도 되고 잊지 않고 찾아주는 게 감사도 하고. 몸 컨디션 좋고 그러면 나도 받았으니까 또 저렇게 해야지 그런 마음도 들고….

몸은 피곤해도… 아우, 날씨 이런 거… 눈이 오나 비가 오나, 전쟁이나 군대랑 똑같이 생각해서 지금 활동하시는 분들 '오늘 날씨

추우니까 거기 안 가' 이런 게 아니라 '추우니까 많이 안 나오겠지? 나라도 나가야지' 하다 보면 더 많이 나오고. 다 보면 애기들이 부모한테 주고 간 숙제, 쉬운 숙제부터 어려운 숙제까지 그거 누가 풀어주겠어요? 가족이, 부모들이 안 해주면 제2, 제3의 애기들이 이런… 일단 부모가 앞장서야 되고, 주위에서 많이 도움을 받고 하다 보니까 여태까지 올 수 있었던 계기이고, 또 이걸로 해서 진짜 이런 일이 다시는 있어서는 안 된다는 걸 뼈저리게 느껴요.

4
범수 형의 상황

면담자　　범수 같다고 발견한 것도 큰아드님이고… 아마 굉장히 힘들었을 거예요. 범수 형은 요즘 어떻습니까?

범수 아빠　　원래 애기 때부터, 형하고 5살 차이 나거든요, 걔가 26살이니까 범수가 올해 저거 했[살아 있다면 21살. 형 말이라고 그러면 꼬박꼬박 저거 했[들었고, 형이 학교 갔다 와서 게임하면 나이 차이가 나니까 옆에서 눈으로 배우고, 형 학교 가서 늦게 오니까 그 시간에는 지가 하다 보니까, 나이가 그렇게 차이가 나서 그런지 서로 싸우거나 이런 건 없었어요. 형 말이라고 그러면 아주 다 요새 말하면 복종 아니면 존중, 존경. 형도 잘 챙기고, 엄마, 아빠가 맞벌이하다 보니까 클 때부터 동생 가면 형이 같이 따라가서 캠프도 하고, 형 갈 때 동생 데리고 그렇게 유치원 때부터 쭉 이 동네에 크다 보니까…. 그리고 뭐 사러 갈 때 카드 형 주고 둘이 보내서 지네가 사고 싶은 것, 신발이든 뭐든 사고 싶은 것 알아서 사 오고. 동생 이름도 형이 지은 거거든요.

형이 대전에서 자주 못 오니까 가끔 한 번씩 오면 2층 침대였었거든, 그럼 아래층에 형이 자고 위층에 동생이 자고. 이렇게 하다가 군대 의정부로 갔다가 지금 뭐 화성 칠보산 뒤에 바로 매송[에 있는] 사단 거기서 훈련받아 갖고, 그 사단에 본부에서 통신병으로 전화 교환하고 그래서, 집에서는 천천히 가도 20분, 25분이면 가는 거리라 면회도 한 달에 한두 번씩 이렇게 자주 갔어요. 애기 데리고… 가까우니까.

격주 근무로 하다가 토요일, 일요일 다 쉬니까, 또 그 부대가 통신병이 몇 명 안 되다 보니까, 통신병도 유선·무선 중계소 있고 그래서. 칠보산 다 거기도 보면 촛불[집회] 많이 하는데, 가보고 싶은게 거기 너머가 바로 부대거든요. 그 산 바로 너머 군부대가 있어서 지도상에는 안 나타나고, 중계소도 자기네 친구들도 가고. 유선·무선 해가지고 하여튼 보안이나 뭐 이런 거 관련된 거가[라] 다 저거 한[허가받은] 사람들, 비취인가라고 그러나 뭐 받은 사람밖에 못 들어갔을 거야, 같은 저기라 그래도. 보안 때문에 그랬을 거야. 그래서 통신 보안이 군대에서 가장… 통신, 문서, 시설보안 그런 원칙 있으니까. 그래서 나중에 뭐 그런 군부대 떨어지니까, 사람들이 말 그대로 "돈 줘서 뺐냐", "빽[백] 있어서 했냐", "꿀 보직이네"

[그랬죠].

하여튼 가까이 있다가 학교도 대전에 갔는데, 지가 또 간 게 □□고등학교 다녔거든요, 바로 옆에 법원 있는 데. 할머니, 할아버지 사시고, 의료사회복지학과라고 그래서 대전에 □□대학교 거기를 가서 1학년 마치고 군대 가고. 쭉 거기서 뭘 했냐면, YWCA는 남자고 아니 여자, YMCA가 남자 기독교, 충남 YWCA 거기에서 보조하면서 활동도 많이 하고. 대전에 청소년위캔센터라고 기독교 재단에서 활동 많이 하면서 여태까지 지내왔고, 계절학기, 거긴 매년 4학기 저거 하고, 작년 8월 달에 졸업하고 그 부속 건물에서 지금 뭐를 하냐면 어학 같은 것… 일본어, 그다음에 컴퓨터 같은 것 자격증도 따야 돼서 웹 개발하고 뭐 이런 쪽으로 계속 공부를 하는데, 그러다 보니까 일요일 빼고는 밤 12시까지 그룹 스터디라고 해 갖고, 개인이 하는 게 아니라 조를 나눠서 그렇게.

그래 "뭐 할라고 그러냐?" 했더니, "일본에 간다"고. "일본에 가면 여기에 엄마, 아버지밖에 안 남는데 너 일본에 가서 있다가 결혼하면 어떡해?" 했더니 웃고 마는데, 걔 나름대로 보니까 이 어학, 뭐 자랑이 아니라 □□고등학교 다닐 때 지네 반에서 일본에서 살다 온 애 빼고는 지가 두 번째로 그거에 자신 있었고, 일본 만화를 엄청 많이 봤어. 그 영향으로 범수까지도 이제 자꾸 들리니까 아무래도 이렇게 한문으로 쓰면 좀 힘들어도 말하고 이런 건 좀 빨리 습득했나 봐요. 자격증도 이렇게 시험도 봤다 그러고, 2월 달에 한다고 그랬는데 [걔] 나름대로 준비를 많이 하는데…. 국내 취업하는

범수 아빠 김권식

게 힘들고, 일단은 지 꿈이 일본에 가는 거니까 막을 수가 없더라고. "대학원 진학도 하고 그러는데 뭐 하려고? 일본에 가가지고 계속 있을려고?" 나는 그게 좀 섭섭하더라고.

면담자   ○○하고 범수가 워낙 사이가 좋았으니, ○○도 참사 이후에 말로 표현 안 할지는 몰라도 많이 힘들었을 거예요.

범수 아빠   엄마가 [진도에] 가서 쓰러져 가지고 구급차에 실려서 진도한국병원이라고, 말로 들어보면 뭐 시설이 좀 크고 깨끗하고 이렇게 보이지만 사실 가보니까, 진도라는 데가 옛날에 섬이었고 규모는 크지만 시설로 보면 이쪽에 삼류 병원 정도밖에 안 되더라고. 좀 미약했지, 지방이고 섬 가까이 있다 보니까.

근데 대전에서 지가 내려와 가지고 동생 옷 같은 거 네파인가 뭐 이렇게… 이렇게 화살표, 초승달이 그 잠바, 그다음에 나이키 추리닝에 빨간색으로 줄 하나 있고 지퍼 달린 거, 거기에 핸드폰하고 쓰다 남은… 다른 건 이렇게 메는 가방, 허리춤에 메는 거에 있었나 봐요. 무엇을 먹었는지 한 5000원인지 7000원인지 정신이 없어 가지고 정확하게 보질 못했는데, 그거하고 조끼 찾는데 확인할 때 가보니까, 찾기는 저기 가서 찾고, 가서 확인할 때 맞나 틀리나 보여주더라고. DNA 검사 끝나고 왔을 때, 왔다고… [지] 나름대로는 엄청 힘들 텐데, 동생이 그러고 있으니까 시트 덮어놓고… 지금도 그런 얘기를 안 꺼내, 속으로 삭이고 있는 건지…. 그게 더 부모로서 좀 마음 아프고….

또 지가 범수가 단원고에 제과 제빵 동아리 하면서 뭐 만드는 거 좋아하고 종이접기 이런 거 좋아하고… 지 형이 이런 거 막 봤더라고. 그래서 지금 분향소에도 가면 백호라 그래서 호랑이, 그거 고잔 이마트에서 종이접기를 사다가, 지가 왜 접나 했어. 엄마가, 범수인데 "김범" 이렇게 불렀거든, 엄마들 호칭으로, 애들 부를 때 줄여가지고…. 지금도 거기 가면 있거든.

그런 걸 [지] 나름대로는 생각해서 종이접기를 해가지고, 호랑이… 다 이렇게 해서 하고. 지가 일본에도 한 번 갔었어. 말이 조금 통하니까…. 우리는 겁나지, 말이 통한다 해도. "아빠, 가니까 한국 사람도 많고, 한국말로 해도 웬만하면 알아듣고." 하여튼 4박 5일간 가면서 애기 증명사진 조그만 걸 가지고 가가지고, 이쪽에 엄마들은 사진관에 가서 영정 사진도 친구들하고 찍고 한 것도 있는데, 얘는 그걸 가져서 일본에 절을 신사라고 하더라고… 이렇게 물어보고 하니까. 나중에 "사진 찍고 와" 그랬더니 사진도 찍었지만. "엄마, 범수 버리고 간다" 그래서 그게 뭔 말인지 몰랐어. 그랬더니 사진을 신사에다 이렇게 놓고, 우리가 절에 가면 돈 얼마 놓고 촛불 켜주는 거처럼 해놓겠다는 그 말이었어, 보니까.

그리고 요번에도 지금 졸업하니까, 창업 이렇게 해서 그런 걸 아마 하는 것 같아. 얼마씩 국가에서 주는 저거하고 또 지가 해서. 그거 끝나면 6월 달에 일본에 또 간다고 하더라고. 그때도 가면 지 나름대로는 또 그렇게 하겠지. 엄마, 아빠한테는 절대 내색을 안 하고, 얘가 꼭 하는 게 있어. 엄마가 이러니까 아빠 회사 다닐 때

122

범수 아빠 김권식

꼭, 엄마 휴대폰 있는데 집 전화로 먼저 하는 거야. 집 전화 안 받으면 핸드폰으로 [하고]. 나름대로 지가 엄마를 관리하고 있었어. 엄마가 캐치[파악]를 했어. 엄마가 "핸드폰으로 안 하고 왜 [집 전화로] 하냐?"고 하니까 휴대폰으로 전화해. 아빠가 있으니까 요새는 지가 가끔 한 번씩 안부 전화 정도 하는데, 겉으로 이렇게 표현을 안 하고 속으로 [지] 나름대로… 그러니까 고마워요.

또 사회복지[학과]다 보니까, 듣기는 뭐 할머니들이나 애기들 그런 데 가서 사회도 보고 봉사활동도 하고. 과가 그런 쪽이라 그런 쪽으로 많이 활동하다 보니까, 재난이나 이런 거 있을 때 복지관에서 많이 오니까. 군대 갔다 오고 이런 일을 겪었기 때문에 나름 조금 부모 입장에서는 안심이 되지만, 저도 그런 걸로 미안해하면서 극복하는 것 같아요, 나름대로.

사회복지학과 교수님이나 과에 학생들 해가지고 많이 왔다 갔었어요. 아마 그때 교수님이 저거 해갖고 진도 가서 수습할 때까지 시험 기간에 시험을 못 보니까 과제, 리포트로 대체해 주겠다고 보내줬을 때, '사람 사는 세상이구나' [하고 느꼈어요]. 그렇게 와서 지가 내려오는 날 또 지 동생을 찾은 것도 어떻게 보면 우연의 일치인지, 이것도 형 내려왔으니까 나왔는지 6일 만에 찾았는데, 지 형이 [대전으로] 올라갔다 [다시 진도로] 내려와서 찾고 이래 가지고. 하늘에서 이렇게[알고] 형이 왔으니까 그런[나온] 걸로 나도 위안으로 삼고, 지도 와서 찾으니까 엄마도 좀 아들이… 형제 우애라고 그럴까, 동생과 그런 게 있는 거다…. 실제로 있는지 없는지 모르지만,

그렇게 생각하는 거 같아.

5
종교에 관한 생각과 범수 아빠의 바람

면담자   말씀 중에 종교에 대해서 잠깐 나왔어요. 집안 어르
신도 계시고 해서 기독교나 종교를 믿지 않았는데, 범수 보내고 신
이나 종교에 대한 생각이 달라신 부분이 있습니까?

범수 아빠   맏이다 보니까 부모 영향을 안 받을 수도 없고, 또
집안에 보면 천주교 믿는 데도 있고 기독교 믿는 데도 있고. 큰집
같은 경우는 다 기독교 쪽 이렇게 하고, 저희 집도 4남 1녀 중에 3남
이 대전에 불교 고등학교인데 거기 다니면서도 교회를 지금도 다
니고. 저 같으면 맏이다 보니 부모님이 꼭 어려서부터 절에다 촛불
켜놓고 이런 거 하다 보니까, 어디 가서 안부 전화하면 절에 가셨
다고 하고. 이런 거 영향을 받아서 그런지, 처갓집도 장인어른 일
찍 돌아가시고 장모님도 이렇게 하고 그래서, 따로따로지만 생존
해 계실 때까지는 그냥 부모님 따라주고.

뭐 집사람이 "교회 가볼까?" 이런 얘기도 몇 번 있었는데, 글쎄
뭐 믿음이라든지 [하는 것이] 나쁘다 좋다가 아니라, 이렇게 할 수도
있다 그렇게 생각합니다, 현재는 없지만. 그래서 현재는 뭐 불교
쪽에 저거 해서 저희 엄마, 아빠는 믿음을 안 갖고, 무슨 기독교라

든지 있으면 같이 가서…. 지금도 보면 종교 단체가 다 천주교도 이렇게 같이 토론하고 인정해 주고 이런 거 좋더라고요. 거기서 광화문도 가면 종교 단체 다 와서, 합동분향소도 불교, 기독교도 있고 원불교, 천주교 다 와서 이렇게, 뭐가 좋다 나쁘다 이렇게 판단 안 하고, 어디거나 믿어도 괜찮을 것 같다고 생각은 하고.

면담자　　아직 선체를 인양하지 못하고, 진상 규명도 특별법을 만들어야 하고, 잘 풀린 일이 하나도 없는 상황이에요. 진상 규명과 선체 인양, 미수습자 가정 아이들 다 찾고 해서 상황이 어느 정도 정리가 됐다고 가정할 때, 아버님이 제일 하시고 싶은 일이 뭐예요?

범수 아빠　　일단은 뭐 가정이지만 다 되면 하여튼 그것같이 좋은 일이 없겠지만, 어차피 부모님들도 이 일이[을] 해줄 것 같았으면 벌써 끝나도 끝났고, 애기들 합동 영결식이나 뭐 이런 것 다 됐겠죠. 지금 인양이 늦어지니까 그 안에 선생님이나 학생들, 일반인 아홉 명이 미수습 상태로 3년이 다 되어가도록 저렇게 있으니, 거기에 양승진 선생님은 우리 ○○ 고등학교 2학년 때 담임선생님이었더라고. 나도 몰랐는데…. 분향소 가서 이렇게 하다 보니까 큰놈이 얘기하더라고. "어, 선생님 여기 계시네", 그래서 알았어요.

　　한국 사회는 꼭 남 일 같지만 자식이나 양가 친척 이렇게 사돈의 팔촌 안 걸리는 데가 없어, 따지다 보면. 할머니부터 해가지고 친척은 아니지만, 누가 그렇게 갈 줄 알았어…. 하여튼 계셔갖고 사모님 손도 잡아드리고. 반별로 돌아가면서 초창기에는 진도도 내려가서 못 올라오신 가족들 위로도 하면서 진도체육관에 며칠씩 같이 있다가, 또 다른 반 내려오고 이렇게 했고.

이게 빨리 진행이 안 된 게 참 안쓰럽지만, 된다고 그러면 일단은 뭐 또 우리 애기 안 돌아온다니까. 그래서 이제 커나가는 애기들, 또 젊은 사람이 결혼하면, 애기 낳으면 이 애기들이 진짜 뭐가 옳고 그르고, 국가가 뭐라느니… 뭐랄까 진짜 부득이하게 사고 났을 때, 신고만 하면 빠른 시간에 와서 이렇게 구해줄 수 있는 그런 데 관련돼서 뭐 좀 하고 싶어요.

제2, 제3의 아픈 사람이 안 나올 수 있게, 지금 우리 가족들이 원하는 것도 진상 규명이나 이런 게 전부 다 따지고 보면 돈은 차후 문제지만 안전한 나라, 안전한 교육 이런 거를 해주고 싶고, 자꾸 이렇게 같이 국민이 공감할 수 있는 걸 만들라고 그래서 학교 [교실] 존치하려고 하는 것도 그런 거야. 역사의 현장을 자꾸 없애는 것보다 있는 그대로 보여주면서 제2, 제3의, 자꾸 시간 지나면 기억에서 사라지는 그런 게 아니라, 그렇게 왔지 뭐, 잘못된 정권에 의해서.

이런 게 지금 이제 50대 후반 저거 하지만, 앞으로 80년 인생으로 본다면 한 20년인데, 그 안에 하여튼 좋은 본보기를 우리 가족들이 앞장서서 하고. 또 가족들 힘만으로는 안 되기 때문에 4·16연대 해주시는 분들이나 연대를 못 했어도 자식 키우는 부모들은 하여튼 우리 가족들 이렇게 본보기로 해서, 안전한 나라가 꼭 돼야지

맘대로 자식 낳고 키울 수 있고, 외국에 나간다는 말도 안 나올 거 같아. 지금 보니까 우리 아들도 국내 취업 생각하는 건 추후 문제고 일단은 자꾸 해외로 나가려고 하는 이유는, 제 생각으로는 이런 아픔이 속으로 잠재되어 있다고 생각하기 때문에… 말리지는 않고 할 때까지 해봐라 하고. 저도 성인이니까 그런 쪽으로 밀어주고, 그렇게 하라고 하는 거죠.

6
삶에 대한 태도 변화

면담자 이제 3차 구술도 거의 마무리 단계입니다. 요즘은 범수를 어떻게 만나고 계세요? 꿈을 꾼다거나 그러지 않습니까?

범수 아빠 꿈에는 희한하게, 다른 엄마는 많이 나타나서 이렇게 하는데, 엄마도 보면 몸이 안 좋아서 그런지 꿈을 꿔도 개꿈이나 쉽게 말해서 이렇게 뭐랄까, 몸이 안 좋아서 그렇게 생각도 되지만, 악몽에 시달리는 거 없고. 저 같은 경우도 꿈에 나타나서 가위 눌리고 이런 것도 없이, 이거를 제가 잘 못 해줘서 그러나… 아니면 나름대로 범수가 아빠 안정 찾아서 가라고 하는지… 꿈에는 안 나타나, 지금. 그래서 보면 저희 소신껏 할 수 있는 걸로, 범수가 못 한 것 미약하나마 조금 이렇게 소단위서부터 해주고 싶어서. 하기 쉬운 것, 가까운 것부터 그런 심정으로.

면담자   우리가 가족의 죽음을 아주 가깝게 경험하는 때가 별로 없잖아요. 범수 보내고 삶과 죽음이랄까. 범수는 없는데, 지금 생생하게 마음속에 남아 있고. 아버님의 생활에 범수가 많은 영향을 미치죠. 죽음에 대한 생각이 바뀐 게 있습니까?

범수 아빠   지금도 보면 내가 꼭 아침에도 범수가 쓰던 방 열어보고, 어디 갔다 오면 또 한 번 열어보고. 집사람이 처음에는 문도 못 열게 했었거든, 가면 닫아. 그런데 어느 순간부터 엄마가 그 방에 가서 옷도 갈아입고 나가고… 엄마 나름대로 조금 치유 과정에서 한 단계 올라갔다고 보고. 저도 마찬가지로 항상 안 돌아오는 건 알지만, 목숨 다할 때까지는 다른 사람 뭐 누가 해줄 것도 아니고… 항상 같이한다 생각하고…. 학생증이나 이런 거, 어디 가면 범수와 관련된 것 꼭 차에다 실어가지고 다니고.

뭐라 그럴까, 기억도 많이 나고 그래서 핸드폰에다가 사진도 저장하고 이렇게 해서. 일단은 없는 거 알지만 같이한다, "못 한 거 해야 되는데 아빠가 아직은 그 단계가 안 된다". 사실은 공부 좀 더 하려고 했었는데 직장이, 얘기를 안 하려고 했는데 7, 8년 전에 모 직원이 회사 자금 횡령 건으로 해서 워크아웃, 은행관리로 들어가다 보니까 기업의 운영자금은 자꾸 모자라고 경기는 안 좋고 하다 보니까 지방으로 합치게 된 건데, 그렇지 않았으면 안산에서 지금도 계속 더 잘나갔을 거고, 오래 다니고 그런 사람들한테 배려도 있을 거야. 그런데 그 선에서 딱 멈추다 보니까, 경기는 어렵고… 이렇게 내려가서 마지못해 그만둔 거지요. 만약에 지금도 잘 돌아

갔다고 하면 더 이렇게 공부해서 그런 쪽으로 하려고 할 텐데 잠시 이제 접었고, 나이 먹다 보니까 기회가 하나하나 없어져.

산업체 다니면 상공회의소에 야간대학 국립한경대학교 무슨 경영[학]과인가 한 클래스인가 두 클래스 여기서 하는 거 알고 있거든, 야간에 직장 다니는 사람 위주로. 그거 하려고 했었어요. 또 우리 회사에 오래 다니고 충실하면, 고졸로 와서 저거[일] 한 사람들이 야간대학교, 전문대학이라도 이렇게 또 한국산업기술대학교 시화에 있는 거, 거기 다니는 사람도 있고. 이렇게 한 네다섯 명 회사에서 반씩 보조해 주고 다니는 사람도 있고. 그런 기회가 하여튼 이런 일로 인해서 자꾸 하나둘 없어지고 마지막에는 거기까지 왔는데, 이걸 계기로 해서 좀 이렇게, 더 노력해야 될 거 같애.

면담자 　　　 어머님, 아버님은 과거의 일상과 다른 새로운 삶을 향해 뚜벅뚜벅 걸어가시는 듯 보여요. 구술을 마무리하려고 하는데, 하고 싶은 말씀 있으면 편안하게 하셔도 좋습니다.

범수 아빠 　　　 자식을 이렇게 뭐 결혼하기도 요즘 힘들잖아요. 군대 갔다 와서 직장 잡으려니까 일자리도 없고, 그러다 결혼하려니까 여러 가지 집 문제, 하다 보니까 결혼도 늦어지는 데다 애기들 출산까지 하려니까, 요즘에 뭐 애기도 안 낳고 자꾸 시대가 이렇게 우리 때하고는 전혀, 같이 가는 것도 있지만, 많이 변했다 그 생각이 들고.

애기들이 꿈을 못 펼치고 이렇게 갔지만, 적게 낳다 보니까, 옛날에도 있[었]지만, 엄마들의 치맛바람 이런 거는 조금 배제하고, 애기들이 할 수 있는 꿈, 애기들 입장에서 부모가 배려해 줘서 그쪽을 조금 밀어주는 게 이렇게 겪고 난 사람으로서, 공부보다는 애들 적성 특기를 살려서 이렇게 해주는 게 좋겠고….

그다음에 사회는 진짜 이권 개입이라든지 정치는 잘 모르지만, 회사 다니다 보면 예전엔 상당히 많았지만 관공서의 비리, 돈 문제 이런 것도 좀 때로는 필요하겠지만 [없어졌으면 하고], 일단 국민이 원하면 국민의 아픔을 들어줄 수 있는 그런 정치 지도자, 좀 많이 바뀌어야 되는데. 지금 돌아가는 저기가 너무 이렇게 지식인들이, 배운 사람들이, 시대가 그래서 그런지 하여튼 이렇게 밑에 사람들 배려해서 어느 정도 되면 좀 이렇게 키워준다든가 해서 조금 물갈이가 됐으면 가장 좋겠고.

의식, 인식이 좀 바뀌었으면 좋겠고. '남의 새끼도 이쁘고 귀엽다'. 요즘 그게 왜 느끼냐면 사실 부모들이 돈 바라고 여태까지 3년 동안 시위하고 하는 사람 없었을 거예요.

7
유가족을 향한 응원과 끝인사

면담자　　　굉장히 울림이 많은 말씀을 해주셨어요. 조금 있으면 3주기를 맞는데, 유가족들이 지금 무척 힘든 상황이에요. 아버님, 마지막으로 유가족에게 응원의 말씀 부탁드려도 될까요?

범수 아빠　　단원고 2학년이 10반까지 있는데, 한 학교의 한 학년이 세월호를 타고 수학여행을 가다가 쉽게 말하면 거의 다 일순간에 갔잖아요. 시간이 충분히 이렇게 구할 수 있었는데도 그 뭐라고 그럴까 아까운 초기 대처가 미흡해 가지고, 그거를 생방송으로 진도체육관에서 양쪽에 이렇게 TV 화면으로 보여줄 때, 진짜 사람 두 번 죽이는 것이었고. 그다음에 방송에서 오보를 해서 2시간 이상 전원 구조 이런 식으로 보도했다가 그 기사를 내렸을 때 또 한 번 진짜 가슴 다 찢어지고 엄마들이 또 한 번 죽었고, 세 번째 배가 다 뒤집혀서 끄트머리만 약간 보일 때 에어포켓이니 누가 얘기했나 모르지만 공기를 집어넣으면 그나마 조금 살 수 있었는데 이게 과연, 지금 생각하면 시간 낭비였다.

여러 가지 조건이나 하여튼 초동 조치에 미흡했고, 도와주는 것도 다 차단했고. 그래서 엄마들이 애기들만 이렇게 보낸 게 아니라, 그걸 갖다가 두 번 세 번 들었다 흔들었다 이걸로 해서 더 뼈저리게 마음 아팠는데. 못 찾으신 미수습자 가족들은 우리보다 심정 더 하겠지만, 그거는 말 그대로 "진실은 승리한다", 꼭 규명해서 하여튼 애기들 부모님들 뭐 이제 돌아가시기 전까지는 꼭 진실 규명하고, 죄지은 놈들 죗값 꼭 치르게 하고.

이건 가족들 힘으로는 부족하기 때문에 저희 가족들과 같이 연대하시는 단체나 종교계, 시민, 학생들, 아직까지는 또 박사모라든지 일베에 계시는 분들도 자식 키우는 부모 입장에서 다시 한번 생각해 보시고, 뭐가 옳은 건지, 정도, 정의, 어둠은 빛 뭐라고 할까,

131
•
3회차

그늘진 곳에서 이렇게 있는 사람들도 행복해질 수 있는 밝은 세상에서, 꿈꾸고 살 수 있는 좋은 사회를 만들기 위해서 같이 노력해 주시고, 힘내서 치유 잘 하시고, 아프지만 같이 끝까지 함께했으면 좋겠다는 생각, 제 사견입니다.

면담자   에, 고맙습니다. 참사를 겪은 한 사람 한 사람이 스스로 삶의 문제를 해결하고 고통을 극복하면서 어떻게 새로운 삶을 꾸려갈지 많은 생각을 하게 하는 말씀이었습니다. 마음 깊이 감사드리면서 구술 마칩니다.

범수 아빠   아픈 마음 잘 헤아려주시고, 이렇게 좋은 자료 참고하셔서 진짜 정의로운 사회 만드는 데 교수님 앞장서주시기 바라면서, 3일 동안 미약하나마 아픈 마음, 하기 싫은 얘기, 꼭 해야 되는 얘기했지만, 이렇게 기록으로 잘 정리하셔서, 진짜 살기 좋은 대한민국을 만드는 데 일조해 주시기 바랍니다. 고맙습니다.

면담자   고맙습니다.

범수 아빠 김권식

4·16구술증언록 단원고 2학년 4반 제9권

그날을 말하다 | 범수 아빠 김권식

ⓒ 4·16기억저장소, 2019

기획 편집 4·16기억저장소 | **지원 협조** (사)4·16세월호참사가족협의회
펴낸이 김종수 | **펴낸곳** 한울엠플러스(주)
초판 1쇄 인쇄 2019년 4월 1일 | **초판 1쇄 발행** 2019년 4월 16일
주소 10881 경기도 파주시 광인사길 153 한울시소빌딩 3층
전화 031-955-0655 | **팩스** 031-955-0656 | **홈페이지** www.hanulmplus.kr
등록번호 제406-2015-000143호

Printed in Korea.
ISBN 978-89-460-6732-5 04300
     978-89-460-6700-4 (세트)
* 책값은 겉표지에 표시되어 있습니다.